UNE ŒUVRE
UN PARCOURS

Rabelais

Gargantua

PARCOURS
Rire et savoir (1re générale)
La bonne éducation (1re technologique)

Édition présentée par Florence Renner
Agrégée de Lettres modernes

Nathan

Sommaire

REPÈRES

1 L'auteur 4
2 Le contexte historique 8
3 Le contexte culturel : Renaissance et humanisme 11

L'œuvre et les parcours associés

L'ŒUVRE *Gargantua*

1 Pour entrer dans l'étude 16
2 Résumés 19
3 Les personnages principaux 25
4 Les thèmes de l'œuvre
A. Le langage rabelaisien 28
B. Un géant humain, trop humain 29
C. La parodie des genres épiques 31
D. Des valeurs humanistes 32
E. Rire pour mieux savoir 34

LES PARCOURS ASSOCIÉS

Rire et savoir (1re générale)

THÈME 1 Le rire et le savoir 36
THÈME 2 Le rire scatologique 40
THÈME 3 Rire de la guerre… pour mieux la dénoncer 44
THÈME 4 Rire de la religion 48
THÈME 5 Rire du savoir 52

La bonne éducation (1re technologique)

THÈME 1 Qu'est-ce qu'une bonne éducation ? 56

ISBN : 978 209 186501 0

Objectif BAC

Méthode

Apprendre et réviser

1 Les types de mémoire Testez-vous ! 62
2 Astuces pour mieux apprendre 64
3 Organiser ses révisions 70
4 Construire son planning 71

L'épreuve écrite

1 La dissertation en un coup d'œil 73
2 Réussir sa dissertation : méthode pas à pas
SUJET 1 74
A. Analyser le sujet 74
B. Questionner le sujet et trouver la problématique 76
C. Chercher des arguments et des exemples 77
D. Bâtir un plan 82
E. Rédiger sa dissertation 84
SUJET 2 90
SUJET 3, 4, 5, 6 94-95
3 L'essai (1re technologique) 96
4 Réussir son essai : méthode pas à pas 97

L'épreuve orale

1 Méthodologie pour lire à voix haute 101
2 L'explication linéaire 104
Explication linéaire 1 104
Explication linéaire 2 110
Explication linéaire 3 116
3 L'entretien avec l'examinateur 123

Lexique 127
Réponses aux quiz 129

REPÈRES

Rabelais

1 L'auteur

→ Un homme à la croisée de deux époques

- **François Rabelais, né en 1483 ou 1494 et mort en 1553,** se situe au carrefour de deux époques, **le Moyen Âge et la Renaissance**. S'il s'engage avec ardeur dans tous les combats humanistes, admirant Érasme et dénonçant ces « ténèbres gothiques » qui caractérisent selon lui le Moyen Âge, il reste malgré tout l'héritier d'une formation et d'une culture médiévales.
- Formé selon le système d'éducation ayant alors cours (*trivium* et *quadrivium*), Rabelais a appris, avant de s'en moquer dans *Gargantua*, **des rondeaux et des ballades** de poètes médiévaux. Et bien entendu, il a lu les **romans de chevalerie,** genre qui suscite un grand engouement à l'époque et qu'il parodie également dans *Gargantua*. Son œuvre sera enfin très marquée par le théâtre du Moyen Âge, **les farces** en particulier.
- De l'humanisme naissant, Rabelais gardera surtout cette **conception nouvelle de l'éducation**, qui s'oppose au dogmatisme scolastique et à l'obscurantisme religieux qui marquent la fin du Moyen Âge, ainsi qu'un **retour aux textes antiques** épurés des mauvaises traductions et commentaires qui en faussaient l'interprétation.

À retenir

Érasme (env. 1466-1536) : philosophe, humaniste et théologien néerlandais, considéré comme l'une des figures majeures de l'humanisme et de la culture européenne. Il est surtout connu aujourd'hui pour son *Éloge de la folie*, publiée en 1511.

Lexique

Le *trivium* (les « trois voies », ou pouvoir des langues, à savoir la grammaire, la rhétorique, la dialectique) et le ***quadrivium*** (les « quatre voies » ou pouvoir des nombres : arithmétique, géométrie, musique, astronomie) sont les sept arts libéraux enseignés durant l'Antiquité, puis au Moyen Âge.

Lexique

Scolastique : philosophie développée et enseignée au Moyen Âge dans les universités qui vise à concilier l'apport de la philosophie grecque (particulièrement l'enseignement d'Aristote et des péripatéticiens) avec la théologie chrétienne héritée des Pères de l'Église et d'Anselme, moine bénédictin ayant vécu au XIe siècle.

→ Jeunesse et formation

● Le jeune Rabelais a sans doute passé son enfance en Touraine, une ancienne province de France à laquelle il demeure très attaché et qui servira d'ailleurs de cadre aux guerres picrocholines dans *Gargantua*. Comme de nombreux fils de famille aisée (son père est avocat), **on l'envoie vivre vers l'âge de neuf ou dix ans dans une abbaye**, pour qu'il reçoive une instruction et, peut-être déjà, dans l'objectif qu'il devienne moine.

● D'abord dans l'ordre des franciscains, Rabelais se lie d'amitié avec un autre humaniste, Paul Lamy (ou Amy), qui l'initie au grec ancien et le met en lien avec **Guillaume Budé**, avec lequel Rabelais entretiendra une correspondance. Mais en 1523, la Sorbonne ayant interdit d'apprendre le grec qu'elle juge dangereux car il inciterait à la libre interprétation du Nouveau Testament, les deux jeunes hommes demandent à changer d'ordre religieux. Ils intègrent alors l'ordre des bénédictins, plus ouvert à la culture dite profane (en opposition à la culture sacrée, c'est-à-dire exclusivement religieuse).

● C'est là que Rabelais rencontre un évêque nommé par François Ier qui l'embauche comme secrétaire. Le jeune homme quitte alors l'abbaye – sans avoir demandé l'autorisation d'abandonner l'habit de moine ; on parle de crime d'apostasie – puis rejoint Paris en 1528 et y entreprend des études de médecine.

● En 1530, **Rabelais intègre la faculté de médecine de Montpellier**, qui profite d'une excellente réputation et propose une approche innovante de la médecine. En 1532, nommé médecin de l'Hôtel-Dieu, il s'installe à Lyon qui est à l'époque l'un des grands centres culturels. En parallèle à sa pratique de médecin, Rabelais commence à écrire…

Citation à retenir

« Rabelais : Facétieux, mordant, utile-doux, raillard, second Épicure, gausseur ou gaudisseur, Lucian françois, docte gabeur, ventre épicurien, plaisant moqueur, pantagruéli(s)te. »

Maurice de La Porte, dictionnaire des *Épithètes*, 1571.

Franciscains et bénédictins

Ce sont deux des différents ordres religieux qui organisent la vie dans les monastères. Le monachisme est un idéal de vie qui se développe au Moyen Âge en occident. Les moines consacrent leur vie à prier pour le Salut de leur âme et pour celle des autres. Ils participent également à la diffusion des savoirs en copiant les manuscrits anciens.

À retenir

Guillaume Budé (1467-1540) : humaniste français proche de Rabelais et de François Ier, qui se mit tardivement aux études mais devint si érudit qu'Érasme l'appelait le « Prodige de la France ».

Lexique

Apostasie (du grec ancien ἀπόστασις (apostasis), « se tenir loin de ») : renonciation publique à une confession, plus particulièrement abandon de la foi chrétienne.

→ Rabelais l'écrivain

• Rabelais médecin produit des ouvrages de médecine, certes, mais ils n'ont rien de très original, si ce n'est que leur auteur remonte aux sources grecques d'Hippocrate ou de Galien plutôt que de travailler à partir de traductions en langue vernaculaire. Ce sont surtout ses récits qui laisseront une trace dans l'histoire.

• Le premier à être publié en **1532** est ***Pantagruel***, récit qui parodie un recueil d'histoires populaires à la mode à l'époque, les *Grandes et inestimables chroniques du grant et enorme geant Gargantua*. Le médecin le publie sous le **pseudonyme Alcofribas Nasier**, anagramme de François Rabelais, sans doute pour ne pas lier ses ouvrages savants et ses récits moins sérieux (il choisira également un autre pseudonyme pour d'autres œuvres, celui de Séraphin Calobarsy). L'ouvrage est condamné par la Sorbonne pour obscénités.

• À la fin de l'année 1534, alors que l'auteur est devenu le médecin privé de l'évêque de Paris Jean du Bellay (cousin du poète Joachim du Bellay) et a effectué un voyage à Rome avec lui, et avant qu'il ne disparaisse brusquement de Lyon suite à l'affaire des Placards, Rabelais publie sa deuxième parodie des romans de chevalerie, ***Gargantua***, qui fait preuve d'autant de verve que de connaissances et témoigne d'une immense culture savante et populaire. Ces deux romans (que l'auteur nomme d'ailleurs plutôt *histoire* ou *conte*) font la synthèse parodique, irrévérencieuse et nouvelle pour l'époque, entre deux genres connus : **le roman chevaleresque et le roman gigantal**.

• Mais l'auteur inscrit également son œuvre dans une **réflexion contemporaine et engagée**, en soutenant la monarchie et en critiquant l'éducation scolastique. Le lecteur perçoit aussi le message humaniste au travers de pages précieuses, telles que la lettre de Pantagruel à son fils ou la description de l'abbaye de Thélème. Et derrière le style bouffon, c'est bien une réflexion sérieuse sur la guerre et la paix qui est envisagée.

• Rabelais publiera trois autres ouvrages à la suite de *Gargantua*, le *Tiers Livre*, le *Quart Livre* et le *Cinquième livre* (ce dernier lui est attribué de manière posthume).

Le saviez-vous ?

Hippocrate et Galien sont deux médecins de l'Antiquité. Hippocrate, qui vécut au ve siècle avant notre ère, est le précurseur de la médecine, mais c'est Galien qui, sept cents ans plus tard, comprit, vulgarisa et transmit le savoir du savant grec. On considère qu'il est le fondateur de la médecine occidentale.

Affaire des Placards

Dans la nuit du 18 au 19 octobre 1534, des protestants français placardent des avis contre la messe en différents endroits du pays, et jusque sur la porte de la chambre de François Ier, à Amboise. Cet événement mènera vingt-cinq ans plus tard aux guerres de religion.

Chacune de ces œuvres va susciter une foule d'interprétations et va donner lieu à des **difficultés de compréhension,** d'autant plus que Rabelais, fin connaisseur des œuvres alchimistes, s'amuse à introduire de nombreuses énigmes dans ses textes.

→ L'inventeur du roman moderne

● Et pourtant, malgré ces problèmes d'interprétation, et malgré l'omniprésence du fantastique dans son œuvre, on a pu définir ces récits comme les **premiers romans modernes**. C'est que Rabelais est l'un des premiers à décrire, cachée derrière ses héros gigantesques, **la réalité du monde quotidien qui l'entoure**. L'auteur dresse en effet le portrait de son époque et fait revivre la France de son temps : villes et campagnes servent de toile de fond aux aventures des géants, et permettent au lecteur de croiser les milieux sociaux les plus divers. Du seigneur au paysan, des assemblées du buveurs « bien yvres » aux écoliers et aux théologiens, des badauds parisiens aux hobereaux campagnards… c'est bien au spectacle de toute une époque que l'auteur nous permet d'assister.

● Rabelais sera également l'un des premiers à proposer dans ces romans *pantagruéliques* une **réflexion psychologique sur certains états de l'homme**, comme par exemple celle de l'enfance abandonnée à ses euphoriques pulsions instinctives – « c'est assavoir à boyre, manger et dormir ; à manger, dormir et boyre ; à dormir, boyre et manger », ou encore les réflexions sur l'éveil de la sexualité du « petit paillard » lorsqu'il joue avec sa gouvernante (*Gargantua*, chap. 11).

Citation à retenir

« C'est l'imagination même de Rabelais qui donne à sa pensée un caractère concret. Ses romans offrent une sorte d'image du monde à laquelle sa fantaisie créatrice a donné son mouvement et sa vie. »

Madeleine Lazard, *Rabelais l'Humaniste*, 1993.

Citation à retenir

« *Gargantua-Pantagruel*, c'est un roman avant la lettre. Un moment miraculeux, et qui ne revient plus, où un art ne s'est pas encore constitué en tant que tel et n'est donc pas encore normativement délimité. »

Kundera, *Une rencontre*, « Dialogue sur Rabelais et les misomuses », 2009.

Lexique

Hobereau : ce terme désigne un gentilhomme campagnard de petite noblesse, qui vit sur ses terres, mais aussi un faucon de petite taille.

Quiz

1. **Pourquoi peut-on dire que Rabelais est à la croisée du Moyen Âge et de la Renaissance ?**
2. **Quelles sont les différentes « professions » exercées par Rabelais ?**
3. **Comment se nomme son premier roman, publié deux ans avant *Gargantua* ?**

2 Le contexte historique

→ Une nouvelle religion

• Le début du XVIe siècle est marqué par des dates qui posent les premiers jalons de ce qui deviendra **les guerres de religion**. Dès 1508, le théologien humaniste Jacques Lefèvre d'Étaples préconise un retour au texte original des Écritures saintes et publie une *Bible* en français, et non plus en latin. Quelques années plus tard, en 1516, Érasme édite un « Nouveau Testament » en latin, que Lefèvre d'Étaples traduira en français en 1523.

• Mais la publication qui aura le plus lourd retentissement est celle d'**un moine allemand, Martin Luther** qui, en 1517, affiche sur la porte de l'église de Wittenberg en Saxe ses *95 thèses contre les Indulgences*. Excommunié par le pape, qui le traite d'hérétique – Luther, peu impressionné, jettera au feu la bulle papale qui le désavoue – il est considéré comme le père de la Réforme protestante.

• Martin Luther s'intéresse à l'un des concepts majeurs de la théologie chrétienne : est-ce la foi (le fait de croire en Dieu) ou les œuvres (nos actions) qui sauvent l'homme et le rendent juste devant Dieu, qui lui accorde ou non sa grâce ? Pour Luther, nul doute que c'est l'honnêteté de la foi qui compte. De nombreuses personnalités vont l'aider à mettre en place cette réforme religieuse, parmi lesquelles Frédéric le Sage, prince électeur de Saxe, mais aussi Érasme (qui a longtemps soutenu Luther avant de s'en éloigner, Érasme pensant que le salut se rapportait aux œuvres) ou

Lexique religieux

Indulgences : aumônes (argent) que le clergé récolte contre la promesse d'un allègement des peines qui attendent les pécheurs au Purgatoire, antichambre du Paradis. En d'autres termes, les religieux faisaient payer aux catholiques leur place au paradis !

l'empereur Charles Quint, resté catholique et opposé à la Réforme, mais qui a dû accepter la nouvelle religion des princes allemands devenus protestants.

- Cette nouvelle religion, qui *réforme* le catholicisme dont elle dénonce la corruption, traduit donc une volonté d'un **retour aux sources du christianisme** mais aussi la nécessité de considérer différemment les rapports entre la vie religieuse et la vie sociale. Ces réformateurs, qui prendront le nom de « protestants », profitent de l'**essor de l'imprimerie** pour faire circuler des Bibles retraduites en langues vernaculaires (non savantes, notamment l'allemand) dans lesquelles ils prouvent que les textes originaux ne font mention ni des saints, ni du culte de la Vierge, ni du purgatoire. Ils rejettent également l'autorité du pape. Cette véritable révolution provoquée par les idéaux de la Réforme sera à l'origine des **guerres de religion**, dont la première débutera officiellement en 1562 par le massacre de Wassy, même si les persécutions contre ceux qui adhèrent aux idées nouvelles commencent dès les années 1520.

→ Protestantisme et évangélisme

- Si Rabelais ou Érasme ne se joignent pas à cette réforme, ils consacrent malgré tout une grande part de leurs œuvres à de longues réflexions sur la religion, souhaitant retrouver la **pureté originelle d'un christianisme** qui serait débarrassé de certains de ses rites et pratiques incohérentes. Rabelais est d'autant plus convaincant dans sa critique qu'ayant été moine, il connaît mieux que personne les pratiques religieuses !

- En 1534, l'année de la parution de *Gargantua*, **les évangélistes commencent à leur tour à être persécutés**. Les idées de ces croyants, qui prônent un retour à une lecture pure et simple de l'Évangile et revendiquent de nouvelles pratiques religieuses, paraissent en effet de plus en plus dangereuses pour la Sorbonne et l'Église catholique. Sans pouvoir affirmer que Rabelais a appartenu à ce courant de pensée, il ne fait nul doute qu'il l'influença, comme il influencera des personnalités comme François Ier ou sa sœur Marguerite de Navarre.

Lexique religieux

Excommunication : peine ecclésiastique par laquelle quelqu'un est excommunié, c'est-à-dire rejeté hors de la communauté des croyants.

Bulle papale (ou bulle pontificale, ou apostolique) : document scellé par lequel le pape officialise un acte juridique important tel que la nomination d'un évêque, une définition dogmatique, la convocation d'un concile ou une canonisation (reconnaître quelqu'un comme saint).

Grâce religieuse : dans le christianisme, la grâce est une aide surnaturelle accordée par Dieu aux hommes pour leur salut, qui est le fait d'échapper à la damnation éternelle (à l'enfer).

→ François Ier, le « Père et Restaurateur des Lettres »

• C'est à l'un des plus grands chevaliers et des esprits les plus éclairés du XVe siècle que fut confiée l'éducation de François d'Angoulême, qui deviendra le futur François Ier. Né en 1494, le jeune garçon fait très tôt preuve d'une **vive intelligence et d'un goût marqué pour les études**. Sacré roi de France le 25 janvier 1515 dans la cathédrale de Reims, il règne jusqu'à sa mort en 1547.

• François Ier est considéré comme l'un des plus grands représentants monarchiques de la Renaissance. **Son règne est marqué par la valorisation des arts et des lettres autant que par d'importantes victoires militaires.** Grand mécène, soutien de Léonard de Vinci, ce monarque mène une politique culturelle innovante qui sera sans doute l'une des sources d'inspiration de l'abbaye de Thélème. Sa sœur aînée, Marguerite, mariée au roi de Navarre, se montre également une fervente admiratrice des lettres et protège de nombreux écrivains, parmi lesquels Rabelais.

• Mais le règne de ce roi est également marqué par des **luttes incessantes avec Charles Quint**, roi d'Espagne et empereur du Saint Empire germanique, pour remporter le pouvoir en Europe, plus particulièrement en Italie, berceau de la Renaissance. Ces rivalités sont parodiées par Rabelais dans *Gargantua*. Il faudra attendre 1538 pour que les hostilités entre les deux monarques cessent.

Quiz

1. **Qui est à l'origine de la religion réformée ?**
2. **Qu'est-ce que les « indulgences » dans le cadre religieux ?**
3. **Donnez et justifiez le surnom attribué à François Ier.**

3 Le contexte culturel : Renaissance et humanisme

→ Renaissance

• La Renaissance est une **période historique qui marque la sortie du Moyen Âge** ; elle débute en Italie à la fin du XIVe siècle, se diffuse dans toute l'Europe et s'achève à la fin du XVIe siècle. Le terme de « Renaissance » pour désigner **une époque** et non plus un renouveau des lettres et des arts, comme ce fut le cas de la première Renaissance italienne, a été utilisé pour la première fois en 1840 par Jean-Jacques Ampère puis par Jules Michelet en 1855, donc près de quatre-cents ans après.

• Le bornage chronologique précis de cette période divise les historiens, mais la date retenue d'un point de vue académique français pour marquer la fin du Moyen Âge et le début de la Renaissance est la **chute de Constantinople en 1453**. Durant cette même époque, dans les années 1450, on découvre l'imprimerie. Certains historiens préfèrent prendre comme point de repère l'année 1492, traversée par deux grands événements : la prise de Grenade qui marque la fin de la *Reconquista,* alors que Ferdinand II d'Aragon et Isabelle Ire de Castille éliminent le dernier royaume musulman de la péninsule espagnole, puis la découverte de l'Amérique par Christophe Colomb. De même, parmi d'autres dates, la fin de la période est fixée à la mort de Charles Quint en 1558 ou à celle de **Henri IV en 1610** (date retenue par la France).

• Selon l'historien moderne René Rémond, une « Renaissance » se caractérise par :

– l'apparition de nouveaux modes de diffusion de l'information (par exemple l'imprimerie) ;

– la lecture scientifique des textes fondamentaux ;

– la remise à l'honneur de la culture antique (littérature, arts, techniques) ;

– le renouveau des échanges commerciaux ;

– les changements de représentation du monde.

Humanisme

> **À retenir**
> **Renaissance et humanisme** : La Renaissance est une **période historique** allant du XIVe siècle à la fin du XVIe siècle, tandis que l'humanisme est un **courant de pensée** qui naît au cours de cette période qu'est la Renaissance.

• L'humanisme est un **courant de pensée européen** qui se développe durant la Renaissance ; le terme humaniste vient du latin *umanista*, le professeur qui enseigne les « humanités », c'est-à-dire la grammaire et surtout la rhétorique latine et grecque. Mais le terme *humanitas* est également à entendre dans le sens que lui donnait l'écrivain latin Cicéron (Ier s. av. J.-C.), pour qui il représente « la culture qui, parachevant les qualités naturelles de l'homme, le rend digne de ce nom ».

• L'époque est marquée par de **profonds bouleversements** : on découvre de nouveaux pays, de nouvelles cultures. Les frontières du monde connu se redessinent. Les sciences et la médecine connaissent elles aussi des progrès fulgurants. Les voyages rendus plus faciles et l'imprimerie qui se perfectionne permettent de **diffuser plus largement les connaissances et les textes**, parmi lesquels certains textes antiques que l'on redécouvre et retraduit depuis la chute de Constantinople.

• Mais la véritable nouveauté apportée par ces penseurs humanistes est moins de diffuser des textes antiques que de proposer de **nouveaux commentaires sur ces œuvres**, qui sont replacées dans leur contexte d'origine et retraduites de manière plus fidèle. Les humanistes s'efforcent ainsi de retrouver le texte initial dans sa plus grande justesse, mais aussi le contexte dans lequel il a été rédigé, pour en comprendre le sens originel.

Les grands principes humanistes

• **L'éducation** est un domaine particulièrement important aux yeux des humanistes, et ils proposent un véritable programme éducatif qui consiste à former l'enfant de manière progressive, sans violence, en sachant susciter sa curiosité et son intérêt. Le sport et le travail du corps sont aussi importants que l'apprentissage du latin ou de la rhétorique.

• **Les sciences** sont également mises à l'honneur : mathématiques, astronomie, sciences naturelle, anatomie… autant de domaines qui permettent aux penseurs humanistes de se défaire des dogmes qui perdurent depuis le Moyen Âge.

● **La religion** aussi est sujette à réflexion. Il ne s'agit pas encore d'affirmer que « Dieu est mort », comme le fera le philosophe Nietzsche au XIXe siècle, mais d'adapter la religion au monde nouveau et à ses valeurs nouvelles. Érasme, l'un des plus fervents partisans d'un humanisme chrétien, condamne ainsi la religion basée sur des rites dénués de sens et des obligations comme la messe dominicale, auxquels il oppose une religion permettant à l'homme de s'adresser directement à Dieu.

● **La politique** est évidemment au cœur des préoccupations des penseurs humanistes, qui tous s'attachent à préserver des situations de paix (ce qui ne les empêchera pas de soutenir leur monarque lorsqu'il s'agira de combattre l'ennemi). Et toujours dans un souci d'améliorer leur société, ils proposent des réformes politiques, comme Érasme dans *L'Éloge de la Folie* en 1511, Thomas More dans *Utopie* en 1515-1516 ou Rabelais dans *Gargantua* en 1534.

À retenir

Thomas More (1478-1535) est un chanoine, juriste, historien, philosophe, humaniste, théologien et homme politique anglais. Devenu le saint patron des responsables de gouvernement et des hommes politiques, il est surtout connu pour son œuvre *L'Utopie*. Membre important de l'entourage du roi Henri VIII, celui-ci se retourna contre lui et le fit exécuter.

Citation à retenir

« Il faut former les enfants à la vertu et aux lettres dans un esprit libéral et cela dès la naissance. »

Érasme, 1529.

Quiz

1. **Quelle différence faites-vous entre la Renaissance et l'humanisme ?**
2. **Où et quand débute la Renaissance ?**
3. **Quels sont les grands centres d'intérêts des humanistes ?**

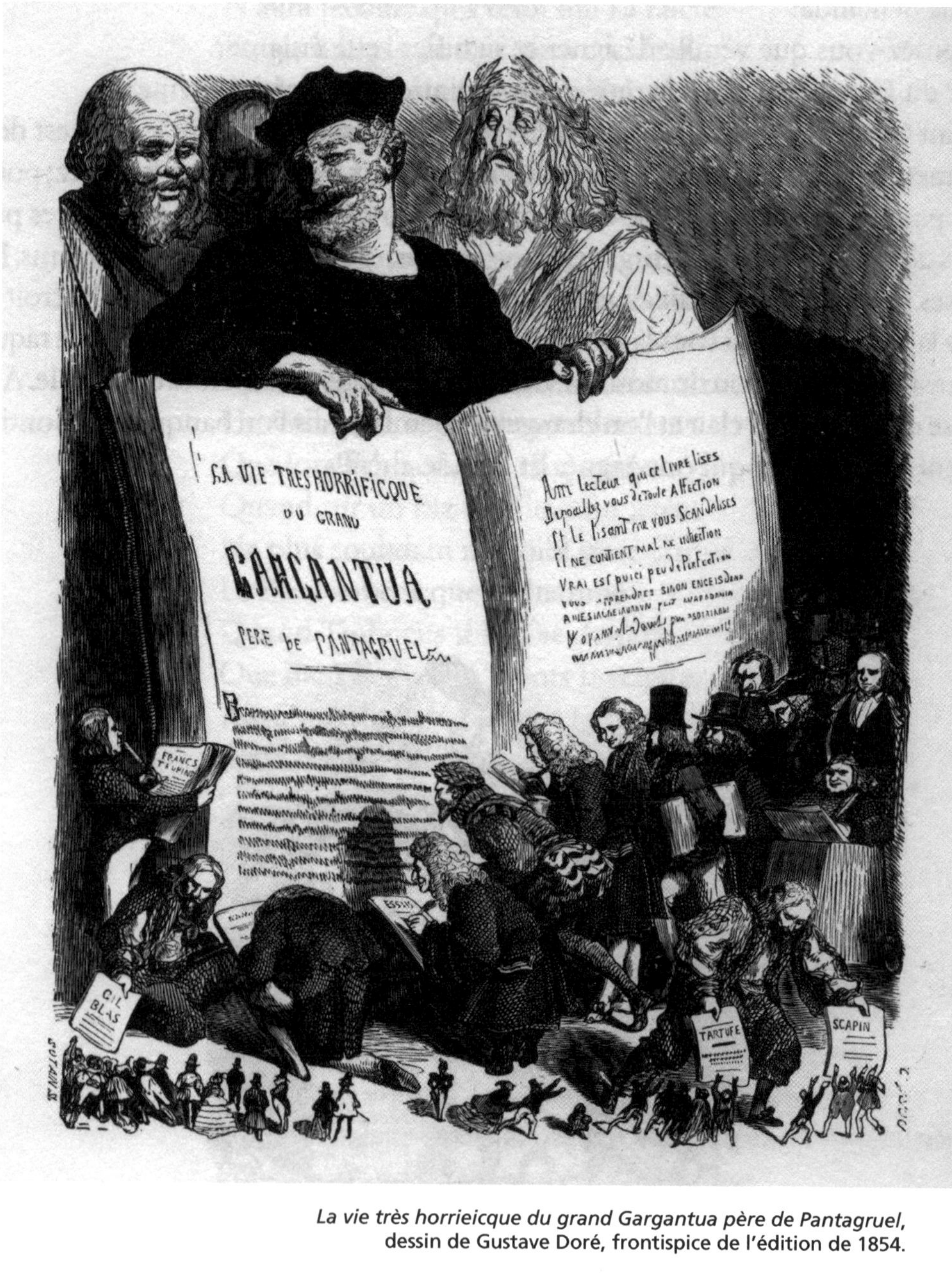

La vie très horrieicque du grand Gargantua père de Pantagruel,
dessin de Gustave Doré, frontispice de l'édition de 1854.

L'œuvre et les parcours associés

L'ŒUVRE *Gargantua*

1 Pour entrer dans l'étude 16
2 Résumés 19
3 Les personnages principaux 25
4 Les thèmes de l'œuvre 28

LES PARCOURS ASSOCIÉS

Rire et savoir (1re générale)

THÈME 1 Le rire et le savoir 36
THÈME 2 Le rire scatologique 40
THÈME 3 Rire de la guerre… pour mieux la dénoncer 44
THÈME 4 Rire de la religion 48
THÈME 5 Rire du savoir 52

La bonne éducation (1re technologique)

THÈME 1 Qu'est-ce qu'une bonne éducation ? 56

L'ŒUVRE

1 Pour entrer dans l'étude

A *Gargantua* dans l'histoire littéraire

→ Une œuvre majeure

- Le deuxième « roman » de Rabelais, plus abouti que son premier récit, *Pantagruel*, rencontre un franc succès auprès des lecteurs de l'époque, habitués à croiser ce type de personnages et ce ton irrévérencieux et farcesque. Mais si le succès est si éclatant, c'est sans doute que la plupart des lecteurs perçoivent bien, derrière l'aspect grassement comique, toute la finesse de la réflexion d'un auteur plongé dans l'humanisme naissant et qui offre avec cette œuvre l'un des premiers romans modernes.
- Cependant, la Sorbonne et quelques lecteurs prudes ne peuvent accepter tant d'irrespect et de provocation à l'égard des institutions, et l'université censurera les deux récits de Rabelais. Mais l'auteur trouve du soutien auprès de plusieurs mécènes, comme les frères Du Bellay, proches du roi.

→ Une influence qui perdure

- De nombreux auteurs se réclament de l'influence de Rabelais, à commencer par Montaigne dès la fin du XVIe siècle. Au XVIIe siècle, La Fontaine, Racine et Mme de Sévigné se délectent à la lecture du *Pantagruel* et de *Gargantua*. Au temps des Lumières, l'auteur anglais Jonathan Swift s'inspire de *Gargantua* pour rédiger son *Voyage de Gulliver*, et l'on retrouve l'esprit rabelaisien chez Cyrano de Bergerac, Fénelon ou Voltaire. Mais c'est sans doute Balzac qui marquera sa plus fervente admiration pour l'auteur humaniste, le citant dans plus de vingt romans de la *Comédie humaine*. Aujourd'hui encore, de nombreux auteurs ou artistes se prévalent de l'influence de Rabelais, de Georges Brassens à Umberto Eco.

Citation à retenir

« J'ai relu [...] quelques chapitres de Rabelais, comme le combat de frère Jean des Entommeures, et la tenue du conseil de Picrochole (je le sais pourtant presque par cœur) ; mais je les ai relus avec un très grand plaisir, parce que c'est la peinture du monde la plus vive. »

Voltaire, lettre à Mme du Deffant, 1760.

B Le parcours associé : « Rire et savoir »

→ « Pour ce que rire est le propre de l'homme »

- Rabelais n'a jamais caché son intention de divertir ses lecteurs, utilisant en bon médecin le rire à la fois pour ses vertus thérapeutiques, pour transmettre plus joyeusement sa critique mais aussi pour affirmer la dignité de l'homme.

- Ainsi, le vers qui clôt le prologue « Aux lecteurs » devient le symbole de la gaité rabelaisienne. Empruntée à Aristote et reprise par Galien, la formule indique que pour Rabelais, l'homme se distingue des animaux par sa capacité à rire, quand pour d'autres (par exemple Érasme) c'est la parole qui nous différencie des autres mammifères.

- Le rire, même outrageux, même scatologique, n'est donc pas gratuit chez Rabelais. Il doit au contraire permettre à l'homme d'accéder à une forme de réflexion joyeuse. Il fonctionne comme une libération et, transposant une réalité inquiétante en quelque chose d'acceptable, permet de prendre du recul sur la violence du monde et sur la vanité des hommes.

• Le rire est donc en lien direct avec le savoir – et le savoir de Rabelais est immense – qu'il autorise, auquel il donne accès par une voie (une voix !) particulière. Rire ensemble, c'est être complices et partager un même savoir. Voici quelques propositions de problématiques qui permettraient de faire le lien entre ces deux notions, rire et savoir :

→ **Le rire est-il un moyen efficace de transmettre un savoir ?**

→ **Comment comprendre cette injonction, dès le prologue de *Gargantua*, non pas à penser, à réfléchir, mais à rire ?**

→ **Comment le comique rabelaisien met-il en valeur la pensée humaniste de l'auteur ?**

Citation à retenir

« La verve comique de Rabelais s'empare […] des données de la réalité sociale, des problèmes de l'actualité politique et religieuse, de toutes les formes de la sottise ou de la folie humaine pour les exorciser par le rire. »

Madeleine Lazard, *Rabelais*, 1993.

Quiz

1. **Quels auteurs ont-été influencés par Rabelais ?**
2. **Comment La Sorbonne accueille-t-elle les deux œuvres de l'auteur humaniste ?**
3. **Quelles fonctions le rire endosse-t-il dans le récit *Gargantua* ?**

2 Résumés

RÉSUMÉ SYNTHÉTIQUE

PREMIÈRE ÉTAPE **L'enfance du héros (chap. 1 à 13).**

Après cinq chapitres sur la généalogie du héros et sur la grossesse et l'accouchement de Gargamelle, surgit, par l'oreille de sa mère et en criant à boire, le personnage éponyme (ch. 6) ! Les chapitres suivants se consacrent à la description de la petite enfance de ce géant, rappelant les quantités astronomiques de nourriture qu'il ingère ou de tissu nécessaire à le vêtir.

DEUXIÈME ÉTAPE **L'éducation du héros (14 à 24).**

Grandgousier, « saisi d'admiration en considérant le génie et la merveilleuse intelligence de son fils », décide de lui donner une éducation digne de ce nom. Son premier maître, le sophiste Thubal Holoferne, base son enseignement sur une répétition par cœur et sans examen critique. Les règles élémentaires de l'hygiène sont complètement méprisées. Convaincu par le jeune page Eudémon que son fils est mal éduqué, Grandgousier l'envoie alors à Paris chez Ponocratès, qui lui enseigne le respect des saintes écritures et l'importance de l'exercice de son esprit critique autant que physique.

TROISIÈME ÉTAPE **Les exploits à la guerre (25 à 51).**

Cette partie se consacre aux guerres entre Picrochole et le berger Frogier. Après avoir appris les causes du combat, le lecteur suit les différentes batailles qui mènent à la victoire de Gargantua, venu en aide au berger avec un certain Frère Jean des Entommeures.

QUATRIÈME ÉTAPE **L'abbaye de Thélème (51 à 58).**

Cette abbaye est donnée en récompense au moine pour son aide durant les guerres picrocholines. Véritable utopie, elle présente un mode de vie idéal selon la pensée humaniste de Rabelais.

Quiz

1. **Comment se nomme la mère de Gargantua ?**
2. **Quel type d'éducation propose le premier maître de Gargantua ?**
3. **Que symbolise l'abbaye de Thélème ?**

RÉSUMÉ DÉTAILLÉ

Le roman peut être divisé en quatre grandes étapes correspondant aux étapes d'un roman de chevalerie traditionnel.

→ Prologue

Le prologue, dont le ton est d'emblée comique puisqu'il s'adresse aux lecteurs comme à des « buveurs très illustres », donne les clés de lecture de l'œuvre : s'appuyant sur les figures de Silène et de Socrate, Rabelais y explique que le lecteur ne doit pas s'arrêter à l'apparente bouffonnerie formelle du roman mais chercher au-delà des apparences la « substantifique moelle » que le texte contient. L'auteur y dévoile la dimension dionysiaque de son récit tout en démesure, dont le point de départ est l'ivresse, celle du lecteur autant que des personnages. Mais le philosophe est moins ivre qu'il n'y paraît, et le prologue rappelle que le rire n'est qu'une porte d'entrée vers l'aspect plus philosophique du récit.

PREMIÈRE ÉTAPE

→ Chapitres 1 à 13 : la naissance et l'enfance du héros

Le premier chapitre, qui revient sur la généalogique de Gargantua et fait remonter son ascendance à des temps immémoriaux, est suivi par un chapitre intitulé « Les fanfreluches antidotées » qui pose une véritable énigme au lecteur (chap. 1 et 2). Ce poème de cent-douze décasyllabes est écrit dans le style des énigmes poétiques du poète de cour Mellin de Saint-Gelais.

L'auteur revient ensuite à la grossesse de Gargamelle, qui porte son enfant onze mois (chap. 3) et fait un repas gargantuesque juste avant d'accoucher (chap. 4). Ce festin est l'occasion d'insérer un chapitre donnant la parole aux « bien ivres » (chap. 5) qui dissertent des bienfaits de la boisson. Mais au beau milieu du banquet, Gargamelle est prise de douleurs : l'enfant arrive, mais non pas par voies naturelles, une sage-femme lui ayant donné un astringent afin qu'elle ne répande pas les tripes englouties précédemment, mais par l'oreille de sa mère (chap. 6).

Le nourrisson, à peine sortie « de façon bien étrange » du corps de sa mère, demande « à boire ». Grandgousier, sur les conseils de ses invités, décide alors de nommer son fils Gargantua, qui signifie « Quel grand [gosier] tu as » (chap. 7). Le nourrisson est baptisé et nourri grâce aux dix-sept mille neuf cent treize vaches consacrées à son allaitement, avant qu'on ne lui donne plutôt du vin, qu'il a l'air de beaucoup apprécier. Les vêtements de Gargantua sont ensuite détaillés (chap. 8 à 10), tant dans le choix des tissus et des modèles, à la dernière mode, que des couleurs : le blanc (joie, bonheur) et le bleu (choses célestes).

Lexique

Le gosier : c'est-à-dire la gorge, se dit *gargante* en langue d'oc.

Ainsi, de ses 3 à ses 5 ans, le jeune garçon est amené à suivre le cours naturel de ses désirs (qui sont les mêmes que ceux de son père) : rire, boire et manger (chap. 11). Il connaît peu l'hygiène, se vautre joyeusement dans la boue, se « pisse » et se « chie » dessus... autant d'actions drôles et sales que l'auteur énumère longuement avec une satisfaction non dissimulée. Le chapitre s'achève sur des considérations plus sexuelles autour de l'intérêt que la « braguette » du garçon suscite chez ses gouvernantes.

Gargantua se voit ensuite offrir un cheval de bois destiné à faire de lui un bon cavalier. Il aime tellement cela qu'il s'en fabrique d'autres, jusqu'à posséder sa propre « écurie », qu'il fait visiter à un noble de la région et à sa suite (chap. 12). Au chapitre 13, Grandgousier est subjugué par l'intelligence de son fils lorsque celui-ci lui fait part de ses différentes expérimentations afin de trouver le meilleur « torche-cul » - qui se révèle être un petit oisillon duveteux.

DEUXIÈME ÉTAPE

→ Chapitres 14 à 24 : l'éducation du héros

Ni une ni deux, le père décide d'offrir à son fils une véritable éducation pour ne pas gâcher ses talents innés. Le premier maître attribué à Gargantua est un sophiste, Thubal Holoferne, qui lui apprend en près de quinze ans à réciter l'alphabet à l'envers et à l'endroit et à recopier tous ses livres en lettres gothiques. Le géant passe ensuite dix-huit ans à apprendre un ouvrage par cœur (encore à l'envers et à l'endroit !) et seize ans supplémentaires à se faire lire l'Almanach (chap. 14). Grandgousier s'aperçoit finalement que ces méthodes rendent son fils « fou, niais, tout rêveur et radoteur ». À l'inverse, il admire l'éducation et la tenue physique du jeune Eudémon et décide d'envoyer son fils à Paris étudier auprès du maître de ce dernier, un dénommé Ponocratès (chap. 15).

Sur une jument gigantesque, Gargantua prend la route de Paris avec Eudémon et son futur précepteur (chap. 16). Arrivé dans la capitale, Gargantua, pour se protéger des regards des badauds, se cache dans la cathédrale Notre-Dame, d'où il noie « deux cent soixante mille quatre cent dix-huit [Parisiens], sans compter les femmes et les petits enfants » en leur urinant dessus, avant de partir avec les cloches de la cathédrale au cou de sa jument (chap. 17). Elles seront récupérées par le sophiste Janotus de Bragmardo, dont la harangue amuse beaucoup le géant et ses compagnons (chap. 18 à 20). A la suite de cette aventure, Gargantua souhaite commencer son éducation auprès de Ponocratès, qui lui demande d'agir comme il le fait habituellement afin de pouvoir juger de son mode de vie, qui se révèle « vicieux » selon le précepteur (chap. 21-22). Le maître, après avoir donné une pilule de l'oubli au géant, présente alors un modèle d'éducation idéale qui repose sur « une méthode telle qu'il ne perdait pas une heure de la journée », qu'il fasse beau ou qu'il pleuve (chap. 23-24).

TROISIÈME ÉTAPE

→ Chapitres 25 à 51 : les guerres picrocholines

Les bergers de Grandgousier demandent aux fouaciers de Picrochole de leur vendre des galettes de froment, nommées fouaces, pour manger avec leur raisin. Ceux-ci refusent sans raison, et les insultent. Une querelle éclate, un fouacier est tué ; Picrochole, le roi des fouaciers, veut se venger et il arme ses soldats pour la guerre. C'est le début des combats (chap. 25-26). Les troupes de Picrochole pillent la campagne et arrivent à l'abbaye de Seuillé, qu'ils attaquent. Mais Frère Jean Des Entommeures la défend avec bravoure, afin de protéger leurs vignes qui leur permet d'avoir du vin. Les moinillons égorgent le reste des blessés. L'abbaye est sauve et une partie des pillards exterminée (chap. 27).

Grandgousier, qui ne comprend pas la guerre car il était en bons termes avec Picrochole, réunit son conseil et décide de négocier la paix. Il désigne Ulrich de Gallet pour le représenter à la cour du roi Picrochole, mais il préfère s'assurer également du soutien de son fils (chap. 28), à qui il envoie une lettre aux consonances humanistes (chap. 29). Gallet rencontre Picrochole et tente de le convaincre d'abandonner la guerre, mais celui-ci refuse. Grandgousier, ayant pris connaissance des raisons du combat, fait alors préparer des fouaces en signe de dédommagement, fouaces que Pricochole refuse et considère comme un signe de faiblesse. Les combats continuent, Picrochole veut conquérir le monde (chap. 30 à 33). Gargantua ayant lu la lettre de son père, quitte Paris pour rejoindre les combats. Gymnaste, envoyé en éclaireur avec un écuyer, rencontre quelques ennemis, parmi lesquels le général Tripet, et les tue (chap. 34-35). Rejoignant Gargantua, Gymnase et la petite troupe démolissent le château du gué de Vède, dont les habitants sont noyés sous l'urine de la jument géante, et ils passent le gué (chap. 36).

Gargantua arrive ensuite au château de son père qui organise un banquet pour célébrer son retour. En se coiffant, le géant fait tomber des dizaines de boulets de canon reçus. Puis il manque d'avaler par mégarde six pèlerins dans une salade, qui s'échappent in extremis. Frère Jean des Entommeures, dont les exploits sont loués par

Grandgousier, rejoint les convives ; tous entament une discussion sur les qualités des boissons, sur celle des viandes, sur la fraîcheur des cuisses des demoiselles et sur l'oisiveté des moines (chap. 37-40). Les chapitres 41 à 51 sont consacrés aux différentes étapes de la guerre contre Picrochole, que Gargantua, aidé de Frère Jean et de Gymnase, finit par gagner. Gargantua fait un discours aux vaincus et organise un festin (chap. 50-51).

QUATRIÈME ÉTAPE

→ Chapitres 52 à 58 : l'abbaye de Thélème

Pour récompenser frère Jean des Entommeures et le courage avec lequel il a affronté Picrochole, Gargantua lui fait construire une abbaye « à son idée » : sans mur, « sans horloge ni cadran », autorisant la présence des femmes « belles, bien formées et de bonne nature » à côté de celle des hommes, laissant tout ce petit monde libre de quitter l'abbaye lorsqu'ils le souhaiteraient (chap. 52-53). Après avoir rappelé l'inscription figurant sur la grande porte de Thélème (chap. 54), le narrateur décrit le mode de vie des Thélémites, leurs coutumes, leurs vêtements, leur devise (« Fais ce que voudras ») (chap. 55-57).

Le dernier chapitre (chap. 58), intitulé « Énigme en prophétie », est l'un de ces textes mystérieux du roman, qui forme une sorte d'écho au chapitre 2. Cette énigme est présentée comme un message trouvé dans les fondations de l'abbaye. Elle est annoncée par l'inscription mise sur la grande porte de Thélème (*cf.* chap. 54) : les forces hostiles assiègent l'abbaye tandis que le beau et le bien règnent à l'intérieur.

Quiz

1. **Quelles sont les différentes étapes du roman ?**
2. **Comment se nomme le roi qui attaque les bergers du pays de Grandgousier ?**
3. **Quelles sont les particularités de l'abbaye de Thélème ?**

3 Les personnages principaux

A Caractéristiques des personnages

→ Les « humanistes »

Gargantua

- Fils des géants Grandgousier et Gargamelle, il en possède les caractéristiques : gigantisme, gourmandise, amour de la boisson, joie de vivre… Son nom est d'ailleurs, comme celui de ses parents, en lien avec cette gloutonnerie puisque son père se serait écrié à sa naissance : « [Quel] grand [gosier] tu as ! » alors que son fils demandait à boire. Mais l'étymologie proviendrait plus probablement du terme languedocien *gargant* qui signifie « gosier ».
- Gargantua incarne l'homme et ses possibilités selon les humanistes : sauvage et mal élevé lorsqu'il reçoit une mauvaise éducation, il devient un roi pacifique et honnête lorsqu'un bon maître le forme à devenir « homme ». Il passe de la naïveté et de l'insouciance à la sagesse et à l'érudition. Il aura un fils, Pantagruel.

Grandgousier

- Père de Gargantua, c'est un homme bon qui souhaite le meilleur pour son fils, même s'il ne fait pas toujours les meilleurs choix. Lors de la guerre qui va l'opposer à Picrochole, il préférera opter pour des solutions pacifiques plutôt que de mener bataille.
- Son nom se décompose aisément en « grand » et « gosier », c'est-à-dire « grande gorge », car il est lui-même très gourmand, aime boire et manger.

Gargamelle

- Fille du roi des Parpaillons, c'est la mère de Gargantua, qui naît donc prince. Étymologiquement, son nom vient de l'argot *gargamelle* qui désigne également le gosier (de l'ancien occitan *gargamella*).
- Gargamelle est comme les autres géants du récit un personnage de démesure, qui mange « profusion de tripes » et n'accouche de son fils qu'au bout de onze mois. Elle n'apparaît que dans sa fonction maternelle, au début du récit et dans le chapitre 37, lorsqu'elle meurt de joie en revoyant son fils.

Ponocrates

- Deuxième précepteur de Gargantua rencontré par le biais d'Eudémon (« l'heureux, le bien nommé »), il lui inculquera une éducation humaniste qui fait la part belle à l'exercice de la réflexion personnelle autant qu'à celui du corps. Il s'oppose aux apprentissages dénués de sens de la scolastique. Son nom signifie en grec « dur à la fatigue », rappelant qu'il travaille sans relâche.

Gymnaste et Ulrich Gallet

- Compagnons d'armes de Gargantua. Le premier nom renvoie au maître de gymnastique, le second porte le nom d'un avocat de Chinon, la ville natale de Rabelais.

Frère Jean des Entommeures

- Figure comique et excessive du moine guerrier rencontré à l'abbaye de Sully, il s'engage activement dans la défense des injustices (et de ses vignes !) et condamne l'oisiveté et la fainéantise des moines. C'est pour lui que Gargantua fait construire l'abbaye de Thélème.
- Son nom évoque le « hachis » (entamure : hachis) qu'il est capable d'engloutir, mais qui renvoie aussi au fait qu'il n'hésite pas à transformer ses ennemis en hachis.

→ Les « rassotés » (sots)

Maître Thubal Holoferne et maître Jobelin Bridé

- Ces deux personnages sont des précepteurs sophistes, les premiers à prendre en charge l'éducation du jeune Gargantua. Leurs noms sont également très connotés : dans la Bible, le prince de Tubal est un ennemi de Dieu, et Holoferne est persécuteur du peuple de Dieu. Le deuxième personnage porte un prénom qui signifie « fou » ou « niais » ; son nom évoque quant à lui un « oison bridé, ne pouvant voler ». Il représente à eux deux toute l'inutilité du savoir basé sur les livres et l'apprentissage sans réflexion.

Tripet

- C'est l'un des capitaines de Picrochole. Son nom renvoie bien entendu aux « tripes », et il sera véritablement « étripé » par Gymnaste.

Picrochole

- Roi du pays des fouaciers, il incarne l'archétype du roi colérique et injuste. Son nom signifie d'ailleurs « le bilieux » (le coléreux). Son désir d'expansion et de pouvoir absolu l'amène à déclarer la guerre au roi du pays des bergers, Grandgousier, malgré les traités de paix existant entre les deux pays et sans véritable raison valable. Impulsif et orgueilleux, il est prêt à tuer l'un de ses propres sujets qui exprimait son désir de réconciliation. Il s'oppose en tous points au roi Grandgousier et encore davantage à son fils, le prince Gargantua.

Quiz

1. **Quel point commun relie les trois noms de Gargantua et de ses parents ?**
2. **Pourquoi le nom de l'assistant du premier précepteur de Gargantua est-il drôle ?**
3. **Pour qui Gargantua fait-il construire l'abbaye de Thélème ?**

B Les relations entre les personnages

Grandgousier

- Père de Gargantua.
- Roi du pays des bergers.

Gargamelle

- Mère de Gargantua.
- Fille du roi des Parpaillons.

Ponocrates

- Deuxième précepteur de Gargantua.
- Lui inculque une éducation humaniste.

Gargantua

- Personnage éponyme.
- Géant, fils de la reine Gargamelle et de Grandgousier.

Tubal Holoferne

- Premier précepteur de Gargantua ; sophiste.
- Secondé par Jobelin Bridé.

Frère Jean des Entommeures

- Moine guerrier.
- C'est pour lui que Gargantua fait construire l'abbaye de Thélème.

Picrochole

- Roi du pays des fouaciers.
- Déclare la guerre aux bergers.

Tripet

- Capitaine de Picrochole.

Gymnaste et Ulrich Gallet

- Compagnons d'armes de Gargantua.

Relation familiale
Précepteurs
Relation guerrière

Gauche : perso. positifs
Droite : perso. négatifs

4 Les thèmes de l'œuvre

> **Le saviez-vous ?**
>
> **L'alchimie** est une science occulte qui a pour principal objet la composition d'élixir de longue vie et la découverte de la pierre philosophale, qui permettrait de transformer des métaux vils en métaux précieux (Grand œuvre). Les références à l'alchimie sont nombreuses chez Rabelais, en particulier par le biais du « langage des oiseaux », qui consiste à donner un double sens aux mots et aux phrases.

A Le langage rabelaisien

→ Un texte plus complexe qu'il n'y paraît

• Est-ce en raison de son érudition encyclopédique, de son esprit facétieux ou de ses accointances avec les milieux de l'alchimie ? Toujours est-il que **la langue utilisée par Rabelais oscille entre fantaisie et sérieux, entre narration franche et références subtiles** ; elle est pleine de mystères et d'interprétations possibles, dont certaines ne sont toujours pas résolues aujourd'hui. L'auteur lui-même rappelle d'ailleurs dans son prologue qu'il faut chercher à son récit un « plus haut sens » que le sens littéral.

• Deux chapitres sont particulièrement révélateurs de cette difficulté à embrasser d'une lecture l'ensemble de l'œuvre, « Les Fanfreluches antidotées, trouvées en un monument antique » (chap. 2) et l'« Énigme en prophétie » (chap. 58).

→ La figure de Silène

Dès son prologue, Rabelais évoque la figure de Silène, fils d'Hermès et père nourricier de Dionysos (Bacchus). Il participe aux gigantomachies (combats de géants) et révèle les secrets de la condition humaine au Roi Midas qui l'a capturé. D'apparence affreux, ridicule et difforme, Silène cache en lui des trésors divins… comme le récit de Rabelais, à condition que l'on sache reconnaître derrière les bouffonneries scatologiques et les excès, toute la finesse d'une pensée complexe. En comparant Socrate à Silène, Alcibiade-Rabelais célèbre, trois cents ans avant Victor Hugo, l'union du grossier et du sublime, de l'imperfection et de la perfection, de la folie et de la sagesse, de la jouissance et du détachement.

> **Citation à retenir**
>
> **« Il faut ouvrir le livre et soigneusement peser ce qui y est traité. Alors vous reconnaîtrez que la drogue qui y est contenue est d'une tout autre valeur que ne le promettait la boîte : c'est-à-dire que les matières ici traitées ne sont pas si folâtres que le titre le prétendait. »** *Prologue de l'auteur.*

Citation à retenir

« Il vous faut être sages pour humer, sentir et estimer ces beaux livres de haute graisse, légers à la poursuite et hardis à l'attaque. Puis, par une lecture attentive et une méditation assidue, rompre l'os et sucer la substantifique moelle. »

Prologue de l'auteur.

Quiz

1. **Que demande l'auteur dans son prologue ?**
2. **Quels sont les chapitres les plus énigmatiques du récit ?**
3. **Qui était Silène ?**

B Un géant humain, trop humain

→ Le registre merveilleux

- La littérature du début du XVIe siècle est baignée de **registre merveilleux** : les géants sont connus des lecteurs, les dragons hantent les romans de chevalerie, les mythes antiques et leurs cortèges de sorcières et d'êtres fantastiques sont toujours lus et appréciés.
- Mais si Rabelais s'inspire d'un récit de géant déjà existant, il fait de son personnage éponyme un monstre ayant tous les traits d'un humain, **les caractéristiques du gigantisme permettant surtout d'apporter un caractère comique au récit.**

→ Thématique de l'excès

- Le choix d'un géant comme personnage principal autorise **tous les excès dans le récit**, et en premier lieu l'excès de bonne chère. Les noms même des géants, de Gargantua à Gargamelle en passant par Grandgousier, annoncent cet excès de ripailles. Et dès les premiers chapitres, banquets, festins, gourmandises et indigestions de tripes ancrent le récit dans un excès bouffon et fantaisiste.

Lexique

Pantagruélisme : mot créé par Rabelais, dérivé de Pantagruel (héros de son premier roman aimant jouir de la vie) avec le suffixe *-isme*. Le terme désigne une certaine forme d'épicurisme français, qui consiste à profiter de la vie, en particulier en faisant bonne chère.

Pantagruélique : digne d'un très gros mangeur.

Gargantuesque : mot dérivé de Gargantua avec le suffixe *-esque*. Le terme désigne ce qui est d'une ampleur démesurée, bien au-delà de la norme.

• Mais l'excès n'est pas exclusivement du côté des géants, et un personnage comme Frère Jean des Entommeures, qui fait irruption au chapitre 27, fonctionne comme une sorte de caricature positive et puissamment comique des moines médiévaux. Massacrant joyeusement les pillards qui menacent sa vigne, aussi ignorant que courageux, il instaure un climat joyeux et exubérant tout en pointant du doigt (bien contre sa volonté) les travers des hommes. C'est d'ailleurs lui qui aura le dernier mot, « Et grand chère » (« et bon appétit ! »), qui dit davantage qu'un simple plaisir de manger, signe une foi joyeuse en la vie et fait écho au « Vivez joyeux » qui clôt l'avis aux lecteurs.

Citation à retenir

« Dans l'abbaye il y avait alors un Moine cloîtré, nommé Frère Jean des Entommeures, jeune, vigoureux, gaillard, joyeux, bien adroit, hardi, entreprenant, décidé, grand, maigre, fort en gueule, le nez avantageux, beau débiteur de prières, bel expédieur de messes ; pour tout dire un vrai Moine s'il en fut jamais depuis que le monde moina. »

Gargantua, chap. 27.

Quiz

1. **Que permet le choix par l'auteur d'un géant comme personnage principal ?**
2. **Que signifie le mot « gargantuesque » ?**
3. **Quel personnage incarne également la thématique de l'excès ?**

C La parodie des genres épiques

→ Chanson de geste et roman de chevalerie

• Comme dans **les chansons de geste**, Rabelais rédige son roman *Gargantua* après avoir raconté, dans une œuvre précédente, la vie du fils (*Pantagruel*). Une référence explicite est d'ailleurs faite à la fin du chapitre 27 à la chanson de Maugis. Le roman suit également les étapes classiques d'un **roman de chevalerie** : naissance du héros, enfance et adolescence, départ à la guerre, victoires. L'œuvre, qui prend modèle – pour mieux les parodier – sur ces deux genres existant au Moyen Âge, est donc riche en scène de combats épiques… même si la monture de Gargantua n'est pas un fidèle destrier, mais une jument démesurée dont la queue détruit tout sur son passage.

→ La tonalité épique

• **Le récit épique**, qui conte les exploits guerriers, se caractérise par un **vocabulaire de l'excès**, des figures d'exagération et le déploiement du champ lexical des combats. Cette tonalité, largement utilisée et parodiée dans les chapitres consacrés aux guerres picrocholines, permet à l'auteur de montrer **l'absurdité de la cause des combats**, ou celle de la quête. Ainsi, les guerres picrocholines sont déclenchées à cause d'une galette de froment refusée, et Frère Jean étrille ses ennemis car ils veulent détruire les vignes qui lui permettront d'avoir du vin. Il n'hésite d'ailleurs pas, pour cela, à choisir pour arme son bâton de croix…

Le saviez-vous ?

Une chanson de geste est un récit versifié en décasyllabes (ou, par la suite, en alexandrins) racontant des épopées héroïques légendaires et mettant en scène les exploits guerriers de rois ou chevaliers. Le mot geste, du latin *gesta*, veut dire, dans ce contexte, « action d'éclat accomplie ».

Citation à retenir

« Et il sortit ainsi, vêtu de sa casaque, le froc accroché à sa ceinture. Et du bâton de la croix il donna si brusquement sur les ennemis, qui, sans ordre, ni enseigne, ni tambour ni trompette, grappillaient dans l'enclos […] qu'il les renversait comme des porcs, frappant à tort et à travers, selon l'ancienne escrime. »

Gargantua, chap. 27.

Quiz

1. **Dans quel type de récits utilise-t-on le registre épique ?**
2. **Qu'est-ce qu'une chanson de geste ?**
3. **Comment l'auteur parodie-t-il les romans de chevalerie ?**

D Des valeurs humanistes

L'œuvre est traversée de **références aux textes antiques,** que Rabelais maîtrise parfaitement et qui prouvent son intérêt tout humaniste pour le retour aux anciens. Mais certains thèmes font particulièrement résonner sa pensée humaniste.

Citation à retenir

« Il lui imposa un tel rythme d'études qu'il ne perdait pas un moment de la journée, mais passait tout son temps à étudier les Lettres et le savoir utile. »

Gargantua, chap. 23.

→ Pour la connaissance

- Plusieurs chapitres du récit sont consacrés à l'éducation du jeune géant. Certains fonctionnent comme un modèle de contre-éducation (les chapitres décrivant l'enseignement de Tubal Holoferne), tandis que deux chapitres complets permettent de décrire, dans le détail, l'emploi du temps et le programme d'études qu'impose le précepteur humaniste Ponocrates à son élève. On sent l'influence de Budé et d'Érasme dans les propositions faites par le précepteur.

→ Contre la guerre

- Les guerres picrocholines sont l'occasion pour Rabelais de dresser le portrait de deux rois opposés, l'un, Picrochole, qui serait injuste et violent, l'autre, Grandgousier, plus humaniste, modèle idéal du monarque humaniste comme put l'être François Ier. Les capacités extraordinaires du géant Gargantua sont rarement mentionnées, et jamais comme une aide à la victoire. Au contraire, ce sont bien des hommes qui se battent et se tuent, dans des guerres qui paraissent bien contemporaines aux yeux des lecteurs de Rabelais.

Citation à retenir

« Heureux le pays qui a pour souverain un tel homme ! Nous sommes plus édifiés et instruits par les propos qu'il nous a tenus que par tous les sermons qu'on nous a prêchés dans notre ville. — C'est, dit Gargantua, ce que dit Platon, au livre V de la *République* : que les États seraient heureux lorsque les rois philosopheraient ou que les philosophes régneraient. »

Gargantua, chap. 45.

→ L'utopie

- L'abbaye de Thélème, construite en l'honneur de Frère Jean des Entommeures, clôt le récit sur une proposition de société idéale dans laquelle règne l'équité, la liberté, la culture et la paix. Cette anti-abbaye, dont le nom évoque la volonté en grec, a pour règle « Fais ce que voudras », ce qui prouve toute la foi que Rabelais dépose en l'homme lorsqu'il est éduqué et laissé libre.

Citation à retenir

« Parce que dans tous les couvents de ce monde tout est mesuré, limité et réglé par les heures, on décida qu'il n'y aurait là ni horloge ni cadran solaire, mais que toutes les activités seraient faites au gré des occasions et des circonstances. »

Gargantua, chap. 52.

Le saviez-vous ?

Le mot « **utopie** » a été inventé par l'auteur anglais **Thomas More** en 1516, dans son roman intitulé *Utopia*. Le mot est construit avec le préfixe grec οὐ-, ou- de sens privatif et noté à la latine au moyen de la seule lettre u, et τόπος, tópos (« lieu »), et signifie donc « (qui n'est) en aucun lieu », parfois traduit par « lieu qui n'existe pas ».

Quiz

1. Quels sont les grands thèmes humanistes abordés dans l'œuvre ?
2. Qu'est-ce qu'une utopie ?
3. Qui incarne le bon roi dans le récit ?

E Rire pour mieux savoir

→ Le registre comique

- Rabelais est un fin connaisseur des farces médiévales, qu'il apprécie beaucoup, et en particulier **La Farce de maître Pathelin**. Il leur emprunte des formes de comique de situations, mais aussi le choix d'un langage oral, souvent familier, et le sens d'un dialogue très théâtral.
- On retrouve toutes les formes de comiques dans l'œuvre : de mots (calembours, néologismes, vocabulaire spécialisé, accumulations, mélange de tons, etc.), de situations (Gargantua qui noie les Parisiens dans son urine du haut de Notre-Dame), de gestes (l'escrime approximative de Frère Jean avec son bâton de croix), de caractères (la colère de Picrochole).
- Le choix d'une famille de géants permet par ailleurs à l'auteur de jouer sur des exagérations à effets comiques : les quantités, les nombres ou les listes sont toujours très, très élevés, ce qui provoque le sourire du lecteur.

Citations à retenir

« Sa bourse était faite d'une couille d'éléphant que lui avait donnée Her Pracontal, gouverneur de Libye. »

Gargantua, chap. 8.

« On fit venir pour lui dix-sept mille neuf cents vaches de Pontille et de Bréhémont pour l'allaiter quotidiennement. »

Gargantua, chap. 7.

Rire corporel, rire spirituel

- Mais le plus marquant pour un lecteur actuel, c'est sans doute l'aspect extrêmement scatologique de l'humour rabelaisien. On sait que Rabelais connaît bien les rouages de notre corps, lui qui a été médecin, et il n'hésite pas à employer un vocabulaire très spécialisé en décalage avec les situations vécues par les personnages qui prête à rire, tout en autorisant à l'auteur une critique acerbe du manque d'hygiène de ses contemporains.
- Mais le corps n'est pas utilisé que pour critiquer. Certaines lectures modernes de l'œuvre de Rabelais tendent en effet à montrer que l'excrémentiel est utilisé par l'auteur dans une perspective évangélique, où la plus haute élévation spirituelle ne s'atteint que dans l'abaissement le plus répugnant.

Lexique

Le terme « **scatologie** » sert à désigner des écrits ou des propos grossiers, dans lesquels il est question d'excréments, de pets, d'urine, etc. Le terme vient du grec *skôr* : « excrément », et *logos* : « parole ». L'humour scatologique est largement répandu depuis l'Antiquité, on le retrouve aussi dans certaines correspondances de Mozart, un habitué du genre, ou des chansons de Serge Gainsbourg (entre autres nombreux exemples).

Citations à retenir

« Rabelais […] Et son éclat de rire énorme /
Est un des gouffres de l'esprit ! »

Victor Hugo, *Contemplations*, VI, 23.

« Puis il chiait, pissait, crachait, rotait, éternuait et se mouchait abondamment ; puis, pour abattre la rosée et le mauvais air, il déjeunait : belles tripes frites, belles carbonades, beaux jambons, belles grillades et force tartines. »

Gargantua, chap. 21.

Quiz

1. **Quelle farce médiévale a influencé Rabelais ?**
2. **Que signifie le terme « scatologique » ?**
3. **Quelles différentes formes de comique retrouve-t-on dans l'œuvre ?**

LES PARCOURS

→ Rire et savoir (1re générale)

→ La bonne éducation (1re technologique)

Rire et savoir

THÈME 1 Le rire et le savoir

A Situer le thème dans le parcours

→ Rire et savoir

• Depuis Horace et son *Art poétique* (Ier av. J.-C.), on sait que le but de la littérature est « d'instruire ou de plaire, le plus souvent les deux à la fois ». L'aspect plaisant d'un récit permettrait en effet d'emporter plus facilement l'adhésion du lecteur, de lui donner accès plus aisément à la morale de l'histoire, à l'enseignement que l'on peut en tirer.

• De nombreux auteurs – d'Aristophane à Voltaire, en passant par La Fontaine et jusqu'aux auteurs comiques d'aujourd'hui – tentent donc d'amuser leurs lecteurs, les menant par le sourire vers des concepts parfois compliqués ou vers une critique qui évite, grâce à son masque humoristique, la censure.

→ Rire pour savoir

• L'enjeu des apologues (fables) et autre récits plaisants est donc de viser une forme d'instruction, de donner accès à un certain savoir, tout en flattant les intérêts du lecteur. Et l'œuvre de Rabelais n'échappe pas à la règle, qui permet d'amuser le lecteur tout en partageant avec lui un savoir plus sérieux qu'il n'y paraît. Ce savoir concerne tous les domaines : la religion, la guerre, l'éducation... et prend toutes les formes, du rire gras et scatologique au rire pincé, voire au rire jaune.

→ Rire du savoir

- Le rire enfin permet de se moquer du savoir lui-même, de la pédanterie de ceux qui sont imbus de leur science, des pédants qui se croient au-dessus des ignorants, quand tout prouve qu'ils sont simplement plus ridicules.
- Ainsi, le rire en littérature a plusieurs fonctions et plusieurs visages. Commençons par tenter d'en cerner les contours théoriques.

→ Définir le rire

- **Charles Baudelaire**, *De l'essence du rire*, 1855
- **Henri Bergson**, *Le Rire*, 1899
- **Georges Minois**, *Histoire du rire et de la dérision*, 2000
- **Daniel Sibony**, *Le Sens du rire et de l'humour*, 2010

Quiz

1. **Qui a dit que la fonction de la littérature était d'« instruire et plaire » ?**
2. **Quel est l'enjeu des apologues ?**
3. **Nommez trois auteurs qui utilisent l'humour pour instruire leurs lecteurs.**

B Des exemples pour la dissertation

▸ Baudelaire, *De l'essence du rire*, 1855

Cet article fut initialement conçu par le poète Charles Baudelaire (1821-1867) comme l'introduction d'un livre consacré à la caricature ; mais il n'en rédigea que deux courts chapitres, intitulés « Quelques caricaturistes français » et « Quelques caricaturistes étrangers ». Selon Baudelaire, le rire est à placer du côté du diable, du mal ; il est l'une des manifestations de l'orgueil humain lorsque l'humanité accède à un plus haut niveau d'intelligence : plus l'homme s'élève, plus il a conscience de son intelligence en même temps que de sa bassesse, plus il rit. Le rire de la civilisation chrétienne est donc selon lui supérieur au rire de l'Antiquité.

Citations à retenir

« Le rire est satanique, il est donc profondément humain. Il est dans l'homme la conséquence de l'idée de sa propre supériorité [...]. »

« Comme le rire est essentiellement humain, il est essentiellement contradictoire, [...] signe d'une grandeur infinie et d'une misère infinie [...]. C'est du choc de ces deux infinis que se dégage le rire. »

« Les idoles indiennes et chinoises ignorent qu'elles sont ridicules ; c'est en nous, chrétiens, qu'est le comique. »

▶ Bergson, *Le Rire*, 1899

Dans son essai *Le Rire, essai sur la signification du comique*, le philosophe français Henri Bergson (1859-1941) analyse les mécanismes du comique, en se penchant en particulier sur le rire provenant des comédies. Selon Bergson, le rire suppose à la fois une forme d'exclusion (on rit de quelqu'un) et de communauté (on rit ensemble). Le rire surgit par ailleurs des situations qui mettent en valeur l'aspect mécanique de la vie ou l'aspect humain des choses.

Citations à retenir

« Il n'y a pas de comique en dehors de ce qui est proprement humain. »

« Le rire n'a pas de plus grand ennemi que l'émotion. »

« On ne goûterait pas le comique si l'on se sentait isolé. Il semble que le rire ait besoin d'un écho. [...] Notre rire est toujours le rire d'un groupe. »

▶ Georges Minois, *Histoire du rire et de la dérision*, 2000

L'historien français Georges Minois (né en 1946), spécialiste de l'histoire des mentalités et de phénomènes culturels, a consacré un ouvrage au rire dans lequel il démontre comment les valeurs et les fonctions accordées au rire ont évolué au fil des siècles. Il définit ainsi trois grandes périodes du rire : l'Antiquité qui a sacralisé le rire, perçu comme un ciment de cohésion sociale ; le christianisme, qui place le rire du côté du diable ; l'époque moderne, durant laquelle le rire devient la preuve d'une existence vide de sens, d'où le sacré est absent.

Citations à retenir

« Rire, c'est participer à la recréation du monde. […] Et si les hommes rient, c'est pour eux une façon de sacraliser le monde, de conforter les normes en se moquant de leur contraire. »

« [Pour le christianisme], le rire n'est plus divin mais diabolique. […] Le chrétien doit imiter le Seigneur, et se conduire avec le plus grand sérieux. »

▶ Daniel Sibony, *Le Sens du rire et de l'humour*, 2010

Le philosophe et psychanalyste français Daniel Sibony (né en 1942) propose dans son essai une approche psychanalytique du rire. C'est autour de Raymond Devos, mais aussi de Woody Allen, des Marx Brothers ou du rire biblique d'Abraham que tournent les réflexions de l'auteur, qui aborde dans son œuvre les mécanismes et les fonctions du rire.

Citations à retenir

« Le rire, comme le jeu, est universel même si ses voies d'accès sont singulières. »

« Le rire et le sérieux, ou le rire et la tristesse constituent des *entre-deux* qui ne cessent d'agir l'un sur l'autre. […] On peut rire sur fond de désespoir, lequel se retrouve au fond de certains rires. »

« *Rire*, c'est être heureux un bref instant dans un mouvement qui vous secoue et vous ramène à vous-même, dans un certain *dédoublement*. »

THÈME 2 Le rire scatologique

A Situer le thème dans le parcours

➔ Un humour qui n'amuse pas tout le monde

Lexique
Un ethnographe est un savant qui va étudier sur le terrain la culture et le mode de vie de peuples ou de milieux sociaux particuliers.

- L'humour scatologique, s'il amuse un certain public, peut aussi choquer une grande partie de l'auditoire. Pourtant, ce type d'humour présente tout d'abord un intérêt ludique, les excréments jouant un rôle majeur dans l'univers de la parodie et de l'humour. Par ailleurs, l'étude des matières fécales dans le registre du comique en littérature permet de s'apercevoir que la scatologie dépasse le seul cadre du scabreux. En effet, de nombreuses cosmologies (sciences qui étudient les lois de l'univers) en appellent aux excréments pour expliquer – sans rire le moins du monde – la naissance de la terre ou des hommes, qui auraient été formés à partir de matières fécales ; et d'après certains ethnographes, plusieurs tribus ont un rapport rituel avec les excréments. Cet aspect se retrouve dans certaines fêtes populaires qui ont été célébrées jusqu'à la Révolution industrielle.

- L'essai de Mikhaïl Bakhtine sur Rabelais et la culture populaire (Mikhaïl Bakhtine, *L'Œuvre de François Rabelais et la culture populaire au Moyen Âge et sous la Renaissance*, Paris, Gallimard, 1970) a proposé d'importantes analyses sur la scatologie médiévale, vue comme un des aspects qui relieraient les écrits de l'humaniste français à la culture du Moyen Âge.

➔ Un humour à replacer en contexte

- Il faut bien entendu replacer le rapport aux productions fessières dans un contexte historique et culturel ; en effet, ce qui pouvait être considéré comme normal il y a quatre-cents ans peut paraître aujourd'hui rebutant, et les hommes et les femmes du Moyen Âge n'entretenaient pas du tout le même rapport à la pudeur qu'aujourd'hui (les toilettes par exemple, la plupart du temps, n'étaient pas des espaces clos mais des fosses à ciel ouvert).

- La définition même de « scatologie » est à préciser. En effet, le dictionnaire parle, plutôt péjorativement, pour ne pas dire pudiquement et de manière restreinte, d'« écrit ou propos grossier, où il est question d'excréments » ; mais elle peut concerner également tous les « écarts » du corps humains (urine, pets, etc.), nombreux dans l'œuvre de Rabelais.

- Pour autant, et quelle que soit l'époque, l'usage du scatologique sert principalement des textes à visée comique. En effet, la transgression de tabous puissants, comme celui qui pèse sur l'excrémentiel, s'accompagne dans la vie quotidienne aussi bien que dans la littérature, d'un rire libérateur dont la fonction est de remplacer la honte.

→ Humour scatologique à travers les siècles

- **Renart** dans *Le Roman de Renart*, anonyme, à partir de 1174
- **Rutebeuf**, « Le dit de l'herberie », vers 1265
- **Montaigne**, *Essais*, I, 20, 1580
- **Victor Hugo**, « [L'Ode à la] merde », sans date

Quiz

1. **Quels effets peut produire l'humour scatologique sur le lecteur ?**
2. **Qu'est-ce qu'une cosmologie ?**
3. **Quelles sont les visées de l'utilisation de l'humour scatologique ?**

B Des exemples pour la dissertation

▶ ***Le Roman de Renart*, traduction par Paulin Paris, 1861**

Le *Roman de Renart* est une œuvre anonyme, collective, dont la rédaction commence au XIIe siècle. Cet ensemble médiéval de récits animaliers écrits en ancien français et en vers raconte les aventures du goupil. Dans le passage proposé ici, le personnage principal fait ses besoins, du haut d'un arbre, sur la tête d'un gardien de troupeau endormi…

« Le vilain, gardien du bétail, dormait tranquillement sous un orme. […] Renart, comme un vrai salaud, se tourne, pousse et laisse tomber sur le vilain une large écuelle de fiente infecte. Le berger, sentant couler sur lui un pareil brouet, s'éveille en sursaut, porte la main à son visage humide, et ne devine pas comment pareille chose a pu tomber de l'arbre. Il lève les yeux et ne voit que des rameaux du plus beau vert du monde, car Renart s'était dérobé sous le plus épais du feuillage. »

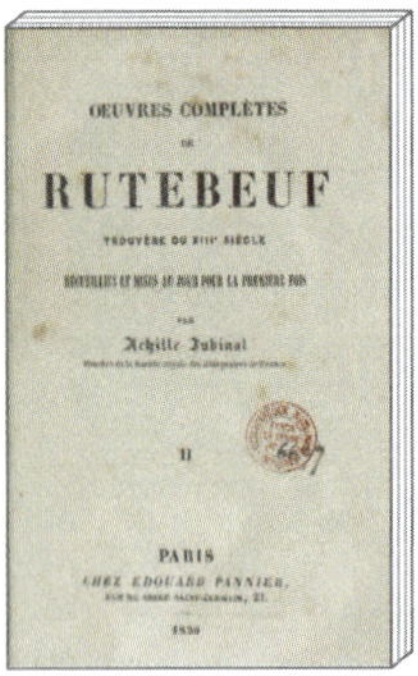

▶ Rutebeuf, « Le dit de l'herberie », vers 1265

Durant des siècles, la médecine populaire a exploité les déjections animales, en particulier celles des rats, pour préparer des médicaments. Ainsi, le motif des excréments bénéfiques apparaît dans la littérature médiévale, non seulement dans les traités médicaux mais aussi dans des textes littéraires, comme chez Rutebeuf, poète français du Moyen Âge (vers 1230-vers 1285). Le « dit » (*texte à dire*) désigne ici un monologue dramatique composé en deux parties, l'une en vers, l'autre en prose. Rutebeuf, dans ce texte satirique, s'identifie à un charlatan, médecin ou vendeur de remèdes miracles, au moment même où la Faculté de médecine tente de réguler l'activité des apothicaires et des guérisseurs qui vendent leurs herbes et leurs potions sur les foires et les marchés.

Passage à connaître

Si la veine du cul vous élance,
je vous en guérirai sans contestation,
[…] avec un petit peu de l'onguent
que je vais vous dire :
[…] Prenez de la graisse de marmote,
de la merde de linote
le mardi matin,
de la feuille de plantain,
de l'étron de putain,
bien ignoble,
de la poussière d'étrille,
de la rouille de faucille,
de la laine,
de la balle d'avoine
pilée le premier jour de la semaine,
et vous en ferez
un emplâtre.

▶ Montaigne, *Essais*, I, 20, 1580

« Sur le plus beau trône du monde, on n'est jamais assis que sur son cul. » Cette phrase célèbre de Montaigne est plus qu'une plaisanterie : en cette Renaissance où les princes rivalisent de faste et de pouvoir, en marche vers l'absolutisme, c'est aussi une injonction à l'humilité, valeur chrétienne autant qu'humaniste. Montaigne n'a pas peur de parler pet et vent, et il consacre un passage des *Essais* à une anecdote rapportée par Saint Augustin. Le pet sert ici la démonstration philosophique de Saint Augustin, selon lequel la volonté est toute-puissante : l'homme peut en effet maîtriser son corps et ses affects, et donc ses pets.

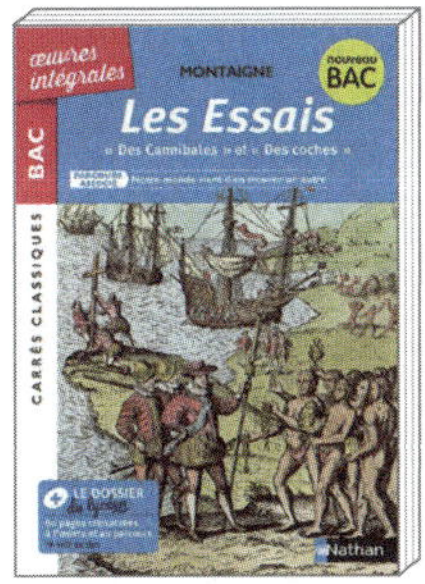

Citations à retenir

« Les outils qui servent à décharger le ventre ont leurs propres dilatations et compressions, outre et contre notre avis, comme ceux destinés à décharger nos rognons. »

« Saint Augustin allègue avoir vu quelqu'un qui commandait à son derrière autant de pets qu'il en voulait »

▶ Victor Hugo, « [L'Ode à la] merde »

George Sand avait promis son amour au poète qui ferait le poème le plus obscène. Victor Hugo et Alfred de Musset produisirent, le premier, un poème intitulé « Merde », le second « Les Filles de Loth ».

Passage à connaître

Lorsqu'après un repas l'estomac vous tiraille,
Que tout au fond de vous le haricot travaille…
Qu'il est doux de penser que bientôt, pas très loin,
Vous courrez prestement pour chier dans un coin.
Qu'on est bien, accroupi, les coudes sur les cuisses,
Tandis qu'environné d'une troupe de Suisses
On exhibe au grand air l'hémisphère dodu
Qui cache encore aux yeux le chef-d'œuvre attendu.
Ami ! Il est, dit-on, un art en toute chose,
Aussi bien à chier qu'à cultiver les roses. […]

THÈME 3 Rire de la guerre… pour mieux la dénoncer

A Situer le thème dans le parcours

→ Guerre et combats de chevaliers

• Les aventures du géant Gargantua sont à la fois une parodie des combats démesurés des chevaliers médiévaux et un outil au service de la dénonciation de la guerre. Mais le choix du rire pour dénoncer la guerre peut prêter le flanc aux critiques : peut-on vraiment rire de tout ? Cette dénonciation sur un ton badin est-elle efficace ? Les lecteurs ne risquent-ils pas de passer « à côté » de l'enjeu du texte ?

• Comme pour d'autres critiques, le choix de l'humour suppose en fait une forme de complicité entre l'auteur et son lecteur. Il est une preuve de la confiance de l'auteur dans l'intelligence de celui qui reçoit son texte et saura lire « entre les lignes ».

• Le rire est aussi un moyen de mettre à distance l'horreur d'une situation. De nombreux témoignages tendent d'ailleurs à prouver que même au front, les soldats cherchaient à atténuer la gravité de la situation en riant entre eux, en faisant des blagues « potaches ». Les journaux de front de la Première Guerre mondiale n'hésitaient pas, par exemple, à tenter de faire rire leurs lecteurs, et on retrouve de nombreux jeux de mots sur le rire dans les gros titres de Unes (« Le Rire aux éclats », « Le Rire au corps » …).

• Quoi qu'il en soit, des guerres de la Renaissances aux combats actuels, il s'est toujours trouvé des auteurs pour tenter de rire de la guerre, dénonçant dans un rire jaune les horreurs et l'absurdité des combats.

→ Des combattants célèbres et drôles

• **Don Quichotte** contre des moulins à vent dans *Don Quichotte* de Cervantès, 1605

• **Candide** dans le conte philosophique de Voltaire publié en 1759

• **Fabrice** dans *La Chartreuse de Parme* de Stendhal, 1839

• **Le narrateur** des « Fourmis » de Boris Vian, 1949

Quiz

1. Quels sont les risques de choisir l'humour pour dénoncer la guerre ?
2. Que suppose, entre l'auteur et son lecteur, le choix du rire comme outil de critique ?
3. À quoi sert le rire utilisé pour critiquer la guerre ?

B Des exemples pour la dissertation

▶ Cervantès, *Don Quichotte*, 1605

Miguel de Cervantès (1547-1616) est un auteur espagnol resté célèbre pour l'histoire de Don Quichotte, personnage éponyme rendu fou par une lecture trop assidue des romans de chevalerie. Toujours accompagné de son fidèle serviteur Sancho Pança, le chevalier se retrouve au summum de sa démence lorsqu'il prend des moulins à vent pour des chevaliers géants et cherche à les combattre. Cet épisode fameux a donné naissance à l'expression « Se battre contre des moulins à vent » !

Passage à connaître

« Regarde, ami Sancho, voilà devant nous au moins trente démesurés géants, auxquels je pense livrer bataille et ôter la vie à tous tant qu'ils sont. […] — Prenez donc garde, répliqua Sancho ; ce que nous voyons là-bas ne sont pas des géants, mais des moulins à vent, et ce qui paraît leurs bras ce sont leurs ailes, qui, tournées par le vent, font tourner à leur tour la meule du moulin. — On voit bien, répondit Don Quichotte, que tu n'es pas expert en fait d'aventures : ce sont des géants, te dis-je ; si tu as peur, ôte-toi de là, et va te mettre en oraison pendant que je leur livrerai une inégale et terrible bataille. » Chap. VIII

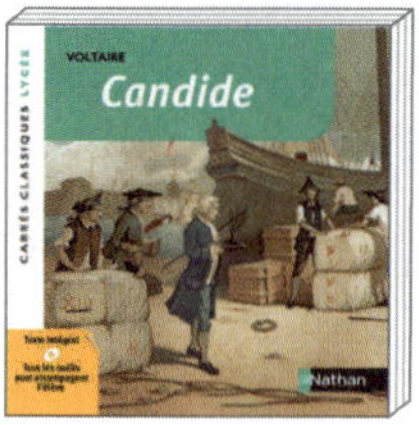

▶ Voltaire, *Candide*, 1759

Ce conte philosophique est sans doute l'un des plus célèbres du philosophe des Lumières. Il narre les aventures du jeune et naïf Candide, chassé du château de Thunder-ten-tronckh et qui va traverser mille périples avant de trouver le repos et la sagesse dans sa métairie, sorte d'utopie que l'on pourrait rapprocher de l'abbaye de Thélème décrite par Rabelais. Au début du conte (chap. 3), Candide arrive sur un champ de guerre, et son regard innocent lui en fait faire une description pour le moins ironique.

Citations à retenir

« Rien n'était si beau, si leste, si brillant, si bien ordonné que les deux armées. »

« La mousqueterie ôta du meilleur des mondes environ neuf à dix mille coquins qui en infectaient la surface. »

« Candide, qui tremblait comme un philosophe, se cacha du mieux qu'il put pendant cette boucherie héroïque. »

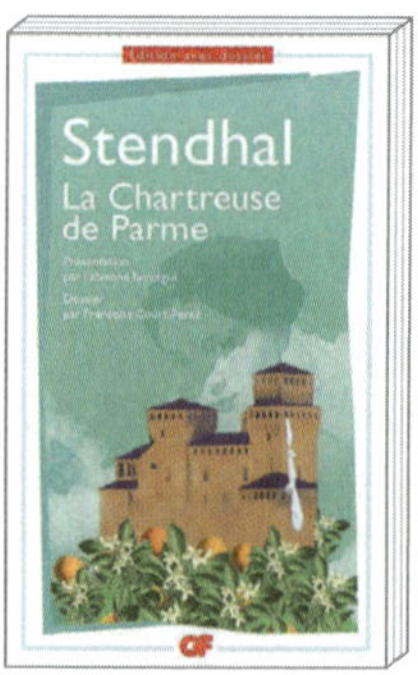

▶ Stendhal, *La Chartreuse de Parme*, 1839

Ce roman de Stendhal, qui mélange événements historiques réels et aventures fictives, raconte l'histoire de Fabrice Del Dongo, prisonnier de son amour pour Clélia Conti qui le pousse à se retirer dans une chartreuse où il finira par mourir en proie à de terribles remords. Après s'être enfui du château de son père, Fabrice se retrouve par hasard sur le champ de la bataille de Waterloo. Vêtu d'un uniforme récupéré sur un cadavre, il se fait passer pour un soldat français et se réjouit d'être enfin au cœur de l'action, alors qu'il ne connaît rien à la guerre et qu'il est incapable de comprendre ce qu'il se passe sur le champ de bataille.

Citations à retenir

« Nous avouerons que notre héros était fort peu héros en ce moment. Toutefois la peur ne venait chez lui qu'en seconde ligne ; il était surtout scandalisé de ce bruit qui lui faisait mal aux oreilles. »

« A ce moment, l'escorte allait ventre à terre, et notre héros comprit que c'étaient des boulets qui faisaient voler la terre de toutes parts. [...] ; il n'y comprenait rien du tout. »

▶ Boris Vian, « Les Fourmis », 1949

Boris Vian (1920-1959) est un artiste extrêmement prolifique, musicien et auteur, inventeur et peintre, qui affiche une certaine prédilection pour l'humour noir. S'il ne peut participer à la guerre en raison de sa santé fragile, il n'hésitera cependant pas à défendre dans plusieurs œuvres un pacifisme chevillé au corps. Dans sa nouvelle « Les Fourmis », publiée quelques années après la Seconde Guerre mondiale mais qui relate les combats de la guerre précédente, il dénonce avec une violence inouïe, et pourtant sous la forme d'une description humoristique, l'horreur des combats.

Passage à connaître

« On a fini par se débarrasser de ce troisième char en chargeant un bazooka avec de la poudre à éternuer et ceux à l'intérieur se sont tellement cogné le crâne sur le blindage qu'on n'a sorti que des cadavres. Seul le conducteur vivait encore un peu, mais il s'était pris la tête dans le volant sans pouvoir la retirer, alors plutôt que d'abîmer le char qui n'avait rien, on a coupé la tête du type. »

THÈME 4 Rire de la religion

A Situer le thème dans le parcours

→ Une religion toute puissante

• Longtemps, la religion a imposé son influence en France, et si les auteurs de la Renaissance et les réformés, suivant les préceptes de Calvin et de Martin Luther, cherchent à appréhender la foi d'une manière différente, il n'est pas question encore au XVIe siècle de renier Dieu. Ainsi, les auteurs humanistes comme Rabelais, Montaigne ou Érasme, prennent du recul sur la religion mais sans pour autant s'affirmer athées. Il faudra en effet attendre la première mouvance libertine à la fin du XVIe siècle pour s'autoriser à ne plus croire en Dieu.

→ Rire de Dieu

• Pourtant, même s'ils revendiquent leur foi ou une certaine forme de déisme (comme c'est le cas de Voltaire), de nombreux auteurs ne manquent pas de rire des dogmes religieux pour mieux les dénoncer. On sait en effet que la critique est plus attrayante pour le lecteur lorsque celui-ci peut rire de l'objet dénoncé. Érasme par exemple affirme dans son *Éloge de la folie* (1511) : « J'ai voulu instruire et plaire ; or la vérité évangélique, parée d'attraits de cette sorte, se glisse plus doucement dans les cœurs et s'y établit plus profondément que si elle avançait toute nue. » Un autre auteur humaniste, le Britannique Thomas More, s'interroge quant à lui dans l'apologie qu'il prononça au moment de son procès : « Qui donc m'empêchera de dire la vérité en riant ? et sied-il à un laïc, discutant religion avec de simples fidèles, de prendre le ton solennel du sermon ? »

→ Un humour dangereux ?

• On sait que rire des croyances religieuses peut susciter de terribles tensions, et la fameuse « liberté d'expression » rencontre régulièrement les limites tenues par le respect des croyances individuelles. C'est que les croyances religieuses touchent aux convictions les plus profondes de chacun, et le rire peut avoir pour fonction, comme le rappelle Bergson, « d'intimider en humiliant ». Le rire est parfois malice, moquerie plus ou moins bon enfant. Il touche alors à ce qui semble nous constituer intimement, et chacun s'étant forgé son propre système de valeurs, ce qui amusera l'un risque de choquer l'autre. L'équilibre entre le parti d'en rire et le respect de la dignité humaine est donc parfois difficile à tenir.

→ Rire de la religion

- **Montesquieu** dans les *Lettres persanes*, 1721
- **Émilie du Châtelet** dans ses *Doutes sur les religions révélées adressés à Voltaire*, 1792 (posth.)
- **Prévert** dans son recueil *Paroles*, 1945
- **Desproges** dans ses *Chroniques de la haine ordinaire*, 1986

Quiz

1. **Quelle est l'importance de la religion en France jusqu'au XVIIe siècle ?**
2. **Les auteurs de la Renaissance sont-ils majoritairement athées ?**
3. **Pourquoi peut-on mal prendre l'humour envers la religion ?**

B Des exemples pour la dissertation

▶ Montesquieu, *Lettres persanes*, 1721

Montesquieu, en digne représentant des philosophes des Lumières, s'attaque dans son œuvre à tous les travers de sa société, monarchie absolue et dogmes religieux en tête. Ainsi, dans la lettre 24 de son célèbre roman épistolaire *Lettres persanes*, il propose une critique acerbe de la crédulité des Français face à la toute-puissance de leur roi, puis de celle du pape. Pourtant, Montesquieu n'est pas contre la présence religieuse dans un état ; il estime au contraire que plus les religions sont nombreuses, et donc tolérantes, au sein d'une même société, plus cette société sera vertueuse.

Passage à connaître

« Ce que je dis de ce prince [*le Roi de France*] ne doit pas t'étonner : il y a un autre magicien plus fort que lui, qui n'est pas moins maître de son esprit qu'il l'est lui-même de celui des autres. Ce magicien s'appelle le pape : tantôt il lui fait croire que trois ne sont qu'un ; que le pain qu'on mange n'est pas du pain, ou que le vin qu'on boit n'est pas du vin, et mille autres choses de cette espèce. »

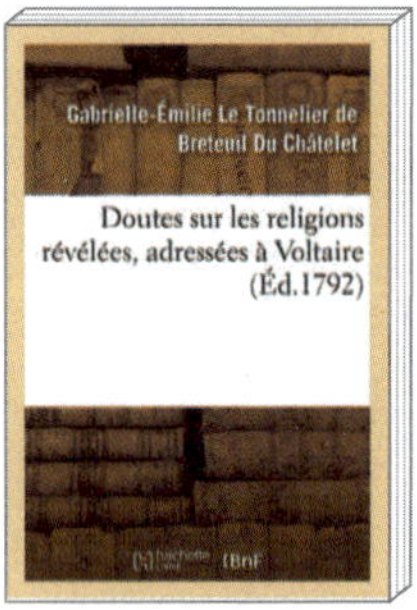

Émilie du Châtelet, *Doutes sur les religions révélées adressés à Voltaire*, 1792 (posth.)

Gabrielle Émilie Le Tonnelier de Breteuil (1706-1749), marquise du Châtelet, est une femme de lettres, mathématicienne et physicienne ayant appartenu au siècle des Lumières. Elle est renommée pour sa traduction en français, qui fait encore autorité aujourd'hui, de l'œuvre du physicien et philosophe britannique Isaac Newton. Elle a aussi contribué à diffuser en France l'œuvre physique de Leibniz. Grande amie de Voltaire, avec qui elle eut une liaison, elle partage avec lui un esprit facétieux et curieux, cherchant inlassablement la vérité. Dans ses *Doutes sur les religions révélées*, qu'elle rédige pour Voltaire, elle s'interroge sur sa foi, de manière souvent impertinente.

Passage à connaître

« Mon Dieu ! que vous ai-je fait pour m'abandonner, et que faut-il donc faire pour vous découvrir ? Vous exigez, y dit-on, un tel culte plutôt qu'un autre : ce culte me prescrit une telle conduite ; si je ne me conforme pas à l'un et à l'autre, je serai éternellement malheureux. Que cet objet devient intéressant pour moi ! Mais qui en croirai-je de Moïse, de Jésus-Christ, de Mahomet, ou de Spinoza ? Le premier se dit ton ami ; le second se vante d'être ton fils ; le troisième prend le titre de ton ange ; le quatrième prétend venger la raison, ce don précieux que tu as fait aux hommes, du joug auquel les trois premiers voulaient l'asservir ; ils se détruisent réciproquement tous les quatre. Qui me guidera dans mon choix ? »

Jacques Prévert, *Paroles*, 1945

Le poète Jacques Prévert (1900-1977) est devenu célèbre grâce à sa poésie irrévérencieuse et tendre, formulée dans un langage populaire et articulée autour de jeux de mots. Farouchement opposé à tout système qui contraint les libertés, Prévert s'est engagé dans ses recueils contre l'école, la monarchie et la religion. *Paroles* est son œuvre la plus célèbre.

Citations à retenir

« VOUS ALLEZ VOIR CE QUE VOUS ALLEZ VOIR
Une fille nue nage dans la mer
Un homme barbu marche sur l'eau
Où est la merveille des merveilles
Le miracle annoncé plus haut ? »

« Dieu est aussi une grosse dinde de Noël
qui se fait manger par les riches
pour souhaiter la fête à son fils »

Pierre Desproges, *Chroniques de la haine ordinaire*, 1986

Les *Chroniques de la haine ordinaire* étaient une chronique radiophonique quotidienne de l'humoriste Pierre Desproges (1939-1988) diffusée sur France Inter en 1986. En cinq minutes, l'auteur disséquait les événements récents sur un ton aussi acerbe qu'impertinent, ne manquant pas de choquer nombre d'auditeurs. Ces chroniques ont été publiées de manière posthume en deux volumes.

Citations à retenir

« Pour moi c'est un jour
qui a beaucoup compté,
ma communion solennelle.
C'est le jour où j'ai appris
que Dieu fond dans la
bouche, pas dans la main. »

« Noël célèbre la naissance
de Jésus Christ, fils de Dieu,
venu sur terre pour effacer
les péchés du monde, mais
il avait oublié sa gomme. »

« Au Paradis, on
est assis à la droite
de Dieu : c'est
normal, c'est la
place du mort. »

THÈME 5 Rire du savoir

A Situer le thème dans le parcours

→ Ricaner, railler, ridiculiser les pédants

Lexique
On appelle « **pédant** » une personne qui fait étalage de son savoir, ou qui fait semblant de connaître beaucoup de choses et le manifeste avec prétention.

• Ces deux notions, rire et savoir, ne font pas toujours bon ménage, et il n'est pas rare que l'on exige du sérieux dès lors que l'on touche au domaine de la connaissance. De nombreux savants se prennent d'ailleurs très au sérieux, ce que ne manqueront pas de critiquer certains penseurs au fil des siècles.

• L'étymologie du terme explique peut-être en partie cette attitude de suffisance de celui qui sait. Le mot « savoir » provient du latin *sapere*, verbe qui désignait quelque chose possédant une certaine *saveur*. Sous l'influence de *sapiens*, « sage », le mot prend le sens de « être perspicace », « comprendre », puis de « savoir » au sens actuel. Celui qui sait, c'est donc celui qui comprend et se place *au-dessus* de celui qui ne comprend pas, ne sait pas ; c'est celui qui possède la connaissance. Cette position supérieure endosse parfois le manteau du pédantisme : celui qui sait devient alors celui qui prend les autres « de haut », les méprise, qui peut devenir imbus de sa propre science.

• Le rire alors se place alors non pas du côté de ceux qui savent, mais de ceux qui se moquent de ces « sachants ». On rit de leur pédantisme, on raille les travers de ces caractères, on ridiculise le savant – souvent « faux savant » – qui n'est gonflé que de son orgueil. Les moralistes du XVIIe siècle en particulier s'amusent de ces caractères (La Fontaine, La Bruyère…), mais aussi Molière qui se joue par exemple des médecins et des connaissances de M. Jourdain. Plus tard, les penseurs des Lumières attaqueront également avec humour les travers des prétentieux et des snobs, et jusqu'à nos jours, la suffisance est la cible des rires moqueurs qui tendent à décrédibiliser les prétentieux de toute espèce.

→ Le théâtre, espace de prédilection pour rire du pédant

• Issue de la tradition de la farce médiévale et du théâtre comique italien, la représentation caricaturale du savant et du monde professoral trouve, avec la comédie, un genre idéal pour donner à voir et à entendre ses vices et ses ridicules.

- Mais ces pédants moqués servent surtout aux auteurs à dénoncer ce savoir qui demeure ancré dans un passéisme mortifère, un savoir dogmatique, élitiste, qui exclut de son champ les avancées scientifiques et ne s'adresse qu'à un petit nombre d'initiés.

→ Rire des prétentieux

- **Montaigne** dans son chapitre « Du pédantisme », *Essais*, 1580
- **La Fontaine** dans « L'Écolier, le pédant et le maître d'un jardin », *Fables*, 1678
- **Molière** dans de nombreuses pièces, parmi lesquelles *Le Malade imaginaire*, 1673
- **Voltaire** s'attaque aux pédants dans le conte philosophique *Le Monde comme il va*, 1748

Quiz

1. **Rappelez l'histoire du mot « savoir ».**
2. **Dans quel travers peuvent tomber ceux qui ont des connaissances ?**
3. **Qu'est-ce qu'un pédant ?**

B Des exemples pour la dissertation

▶ Montaigne, « Du pédantisme », *Essais*

Montaigne s'est beaucoup intéressé au pédantisme, thème que l'on retrouve en plusieurs endroits de ses *Essais*. Selon lui, cela nuit à la formation et au bon exercice du jugement, notamment dans l'éducation des enfants. Il a consacré au moins deux chapitres à cette dénonciation : « Du pédantisme » (chapitre 25 du Livre 1) et « L'éducation des enfants, Du pédantisme et de l'institution des enfants » (chapitre 26).

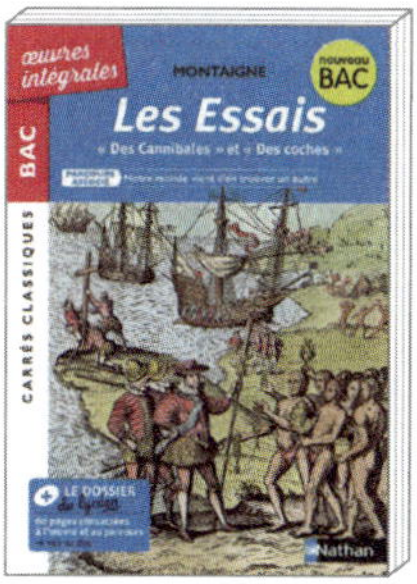

Citations à retenir

« J'ai souvent souffert, en mon enfance, de toujours voir le pédant qui instruit la jeunesse, jouer dans les comédies italiennes un rôle grotesque, et le surnom de Magister ne pas avoir une signification beaucoup plus honorable chez nous. »

« Les philosophes de l'antiquité étaient au contraire estimés, parce que sous leur originalité existait une science profonde, ce qui constitue une grande différence avec les pédants de nos jours. »

▶ La Fontaine, « L'Écolier, le Pédant et le Maître d'un jardin » *Fables*, Livre IX, fable 5, 1673

La Fontaine a sans doute connu de mauvais maîtres dans son enfance, lui qui décrit ces gens comme des sots qui gâchent le naturel de ceux dont ils ont la charge. Dans cette fable, des écoliers dont la raison a été gâchée par le travail de leur maître d'école, ont volé des fruits et des fleurs dans un verger. Mais le Pédant (leur professeur) envoyé sur place aggrave la situation au lieu de l'arranger. L'œuvre de destruction à laquelle se livrent le pédant et ses écoliers prouve quelle influence néfaste le pédantisme peut avoir sur la nature humaine.

Passage à connaître

« […] Le Pédant, de sa grâce,
Accrut le mal en amenant
Cette jeunesse mal instruite […].
Là-dessus il cita Virgile et Cicéron,
Avec force traits de science.
Son discours dura tant que la maudite engeance
Eut le temps de gâter en cent lieux le jardin.
Je hais les pièces d'éloquence
Hors de leur place, et qui n'ont point de fin ;
Et ne sais bête au monde pire
Que l'Écolier, si ce n'est le Pédant. »

▶ Molière, *Le Malade imaginaire*, 1673

Difficile de choisir dans toute l'œuvre de Molière un seul passage qui se moquerait des pédants, des connaisseurs en tout genre, qu'il s'agisse des médecins (*Le médecin malgré lui*, *Le Malade imaginaire*), des soi-disant poètes (*Le Misanthrope*), des maîtres de danse, de musique, d'armes (*Le Bourgeois gentilhomme*), etc. Dans sa dernière pièce, la servante Toinette endosse le rôle d'un médecin et contrefait leurs discours pédants dans un passage qui rassure Argan.

Passage à connaître

« TOINETTE.— Je suis médecin passager [...] Je veux des maladies d'importance, de bonnes fièvres continues, avec des transports au cerveau, de bonnes fièvres pourprées, de bonnes pestes, de bonnes hydropisies formées, de bonnes pleurésies, avec des inflammations de poitrine, c'est là que je me plais, c'est là que je triomphe ; et je voudrais, Monsieur, que vous eussiez toutes les maladies que je viens de dire, que vous fussiez abandonné de tous les médecins, désespéré, à l'agonie, pour vous montrer l'excellence de mes remèdes, et l'envie que j'aurais de vous rendre service. »

▶ Voltaire, *Le Monde comme il va*, 1748

Le philosophe des Lumières s'attaque directement aux pédants dans l'un de ses contes philosophiques, *Le Monde comme il va*. Babouc est un émissaire envoyé par l'ange Ituriel dans la ville de Persépolis (qui se révèle être la version orientale de la ville de Paris). Il doit décider, en observant les habitants et leurs mœurs, si Ituriel sauve ou détruit la ville. Babouc fait plusieurs rencontres, dont certaines lui donnent une opinion positive de la ville, d'autres une opinion plutôt négative. Les lettrés, plus loin nommés pédants, sont de ceux-là.

Citations à retenir

« [Babouc] pria quelques lettrés à dîner pour se réjouir. Il en vint deux fois plus qu'il n'en avait demandé, comme les guêpes que le miel attire. Ces parasites se pressaient de manger et de parler. »

« Chacun d'eux briguait une place de valet et une réputation de grand homme ; ils se disaient en face des choses insultantes, qu'ils croyaient des traits d'esprit. »

La bonne éducation

THÈME 1 Qu'est-ce qu'une bonne éducation ?

A Situer le thème dans le parcours

→ L'éducation humaniste

• Lorsque Rabelais écrit *Gargantua*, l'éducation est aux mains des professeurs de la Sorbonne. On y enseigne principalement la théologie (étude de Dieu) et la scolastique qui se fonde sur l'analyse des textes sacrés, d'ouvrages de théologie et de philosophie. Mais très vite, cet enseignement est devenu la simple répétition de traductions et d'analyses apprises par cœur et soumises à une lecture pour le moins rigoureuse.

• Rabelais est l'un des auteurs humanistes qui propose alors l'une des réformes de l'éducation la plus profonde, et si le programme imposé aux géants paraît parfois excessif, il suffit d'en réduire les proportions pour s'apercevoir qu'il s'agit en fait d'un projet faisable, aussi libéral que moderne.

• D'autres auteurs suivent les propositions de Rabelais et proposent à leur tour un nouveau programme éducatif idéal qui permettrait aux élèves de s'épanouir aussi bien culturellement que physiquement, et surtout de gagner leur autonomie intellectuelle : Montaigne et Érasme dans la mouvance humaniste, mais aussi Rousseau au siècle des Lumières. Les auteurs partagent en partie les mêmes principes : la mémorisation n'est pas abandonnée, mais elle est mise au service de la réflexion ; on privilégie la lecture des textes anciens plutôt que leur traduction ; sport et hygiène corporelle ne sont pas négligés ; l'élève est considéré dans son individualité et les apprentissages se font en suivant son inclination naturelle. Enfin, pour tous, domine une exigence morale.

• L'une des grandes avancées en matière de « bonne éducation » sera bien entendu la place de plus en plus évidente que l'on demandera d'accorder à celle des jeunes filles qui demeurent, jusqu'à nos jours parfois dans certains pays, rejetées hors de la sphère éducative. Pourtant, des auteurs comme Fénelon s'interroge sur le sujet dès le XVIIe siècle.

→ Des propositions de bonne éducation

- **Pantagruel** dans *Pantagruel* de Rabelais, 1532
- **Montaigne** dans le chapitre « De l'institution des enfants », *Essais*, I, 26, 1580
- **Fénelon** dans son *Traité de l'Éducation des filles*, 1687
- **Émile** dans *Émile ou de l'éducation* de Jean-Jacques Rousseau, 1762
- **George Sand** dans sa correspondance fictive « Lettres à Marcie », datée de 1843

Quiz

1. **Qui est en charge de l'éducation au XVIe siècle ?**
2. **Quels auteurs jouent un rôle dans la réflexion sur l'éducation ?**
3. **Quelle place est accordée à l'éducation des jeunes filles au XVIIe siècle ?**

B Des exemples pour l'essai

▶ Rabelais, *Pantagruel*, 1532

Le titre complet du premier récit de Rabelais est *Les horribles et épouvantables faits et prouesses du très renommé Pantagruel Roi des Dipsodes, fils du Grand Géant Gargantua*. On s'aperçoit ainsi que l'auteur a commencé par raconter les histoires du fils (Pantagruel) avant de raconter celles du père (Gargantua) ! Dans une lettre célèbre que Gargantua adresse à son fils au chapitre 8, Rabelais formule déjà les grandes lignes de l'enseignement intellectuel et moral qu'il développera dans son œuvre suivante.

Passage à connaître

« Mon fils, je t'engage à employer ta jeunesse à bien progresser en savoir et en vertu. [...] Et quant à la connaissance de la nature, je veux que tu t'y donnes avec soin : qu'il n'y ait mer, rivière, ni source dont tu ignores les poissons ; tous les oiseaux du ciel, tous les arbres, arbustes, et les buissons des forêts, toutes les herbes de la terre, tous les métaux cachés au ventre des abîmes, les pierreries de tous les pays de l'Orient et du midi, que rien ne te soit inconnu. [...] Mais – parce que, selon le sage Salomon, Sagesse n'entre pas en âme malveillante et que Science sans Conscience n'est que ruine de l'âme – tu dois servir, aimer et craindre Dieu, et mettre en lui toutes tes pensées et tout ton espoir »

▶ Montaigne, *Essais*, « De l'institution des enfants », 1580

Deux siècles avant Rousseau, Montaigne s'insurge contre l'éducation brutale donnée, souvent à coups de fouet, aux enfants. Lui préfère former l'homme avant de former le savant, et il prône les qualités morales comme un apprentissage nécessaire avant celui des connaissances pures. Ainsi, si le Moyen Âge subordonnait tout à la théologie, Montaigne, suivant les préceptes de Socrate, subordonne tout à la morale.

Citations à retenir

« Ayant plutôt envie de faire de lui un homme habile qu'un homme savant, je voudrais aussi qu'on fût soucieux de lui choisir un guide qui eût plutôt la tête bien faite que bien pleine et qu'on exigeât chez celui-ci les deux qualités, mais plus la valeur morale et l'intelligence que la science. »

« On ne cesse de criailler à nos oreilles d'enfants, comme si l'on versait dans un entonnoir, et notre rôle, ce n'est que de redire ce qu'on nous a dit. Je voudrais que le précepteur corrigeât ce point de la méthode usuelle [...]. Je ne veux pas qu'il invente et parle seul, je veux qu'il écoute son disciple parler à son tour. »

▶ Fénelon, *Traité de l'Éducation des filles*, 1687

Dans cet ouvrage d'une modernité étonnante pour son époque en ce qu'il propose une éducation similaire pour les filles et les garçons, Fénelon dresse un programme éducatif destiné aux jeunes enfants. Après s'être consacré aux maîtres et aux parents, c'est aux enfants eux-mêmes qu'il adresse ses instructions. Il s'occupe des facultés morales et intellectuelles et établit encore tout son système d'éducation sur des principes religieux. Il utilise pour toucher les jeunes élèves des images sensibles ; c'est ainsi qu'il profite de la poupée pour inculquer aux petites filles les premières notions de choses et leur donner même des aperçus de morale philosophique et religieuse.

Citations à retenir

« Rien n'est plus négligé que l'éducation des filles. La coutume et le caprice des mères y décident souvent de tout : on suppose qu'on doit donner à ce sexe peu d'instruction. »

« Pour les filles, dit-on, il ne faut pas qu'elles soient savantes, la curiosité les rend vaines et précieuses ; il suffit qu'elles sachent gouverner un jour leurs ménages, et obéir à leurs maris sans raisonner. »

« Il faut accoutumer les filles dès l'enfance, à gouverner quelque chose, à faire des comptes, à voir la manière de faire des marchés de tout ce qu'on achète, et à savoir comment une chose soit faite pour être d'un bon usage. »

▶ Jean-Jacques Rousseau, *Émile ou de l'éducation*, 1762

Dans cet essai, le philosophe des Lumières propose un programme éducatif qui suit les cinq premières étapes de la vie d'un certain Émile. Son but est de l'éduquer conformément à la nature afin qu'il soit protégé contre les dangers de la civilisation, de lui enseigner à vivre et de former un homme et un citoyen. Rousseau aura une influence majeure dans l'histoire de l'éducation car il est l'un des premiers à ne pas considérer l'enfant comme un adulte miniature mais comme un être dont il faut suivre le développement naturel.

Citation à retenir

« Vivre est le métier que je veux lui apprendre. En sortant de mes mains, il ne sera, j'en conviens, ni magistrat, ni soldat, ni prêtre ; il sera premièrement homme : tout ce qu'un homme doit être, il saura l'être au besoin tout aussi bien que qui que ce soit ; et la fortune aura beau le faire changer de place, il sera toujours à la sienne. »

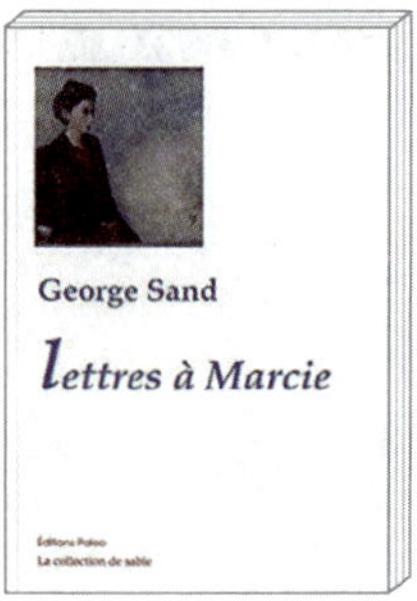

George Sand, « Lettres à Marcie », 1843

George Sand, de son vrai nom Aurore Dupin, est l'une des figures essentielles de l'histoire littéraire de son siècle. Engagée dans une réflexion autour de la place de la femme dans la société, son œuvre témoigne d'une pensée profondément réformatrice. Et si elle ne revendique pas le droit de vote pour les femmes, estimant qu'elles doivent d'abord accéder à l'éducation, elle déplore justement le peu d'éducation reçue par les jeunes filles et propose, dans ces lettres fictives, de leur enseigner la philosophie.

Citations à retenir

« Marcie, ne vous plaignez point trop, ne soyez point ingrate. Vous êtes instruite, vous êtes pure. Voilà de grandes supériorités, de véritables éléments de bonheur ; et ces riches infortunées, qui sont réduites à acheter leur époux, doivent vous inspirer une profonde pitié. »

« Je sais que certains préjugés refusent aux femmes le don d'une volonté susceptible d'être éclairée [...]. Beaucoup d'hommes aujourd'hui font profession d'affirmer physiologiquement et philosophiquement que la créature mâle est d'une essence supérieure [...]. Cette préoccupation me semble assez triste, et, si j'étais femme, je me résignerais difficilement à devenir la compagne ou seulement l'amie d'un homme qui s'intitulerait mon dieu. »

Méthode

Objectif BAC

Apprendre et réviser

1 **Les types de mémoire** Testez-vous ! 62
2 **Astuces pour mieux apprendre** 64
3 **Organiser ses révisions** 70
4 **Construire son planning** 71

L'épreuve écrite

1 **La dissertation en un coup d'œil** 73
2 **Réussir sa dissertation : méthode pas à pas**
SUJET 1 74
A. Analyser le sujet 74
B. Questionner le sujet et trouver la problématique 76
C. Chercher des arguments et des exemples 77
D. Bâtir un plan 82
E. Rédiger sa dissertation 84
SUJET 2 90
SUJET 3, 4, 5, 6 94-95
3 **L'essai** (1re technologique) 96
4 **Réussir son essai : méthode pas à pas** 97

L'épreuve orale

1 **Méthodologie pour lire à voix haute** 101
2 **L'explication linéaire** 104
Explication linéaire 1 104
Explication linéaire 2 110
Explication linéaire 3 116
3 **L'entretien avec l'examinateur** 123

Apprendre et réviser

1 Les types de mémoire

Testez-vous pour connaître votre type de mémoire

Les types de mémoire

- Chacun a une mémoire qui tend à être plus **visuelle** (retenir ce qu'on voit), **auditive** (retenir ce qu'on entend) ou **kinesthésique** (retenir ce qu'on ressent).
- Ces trois types de mémoire ne sont pas exhaustifs, ni exclusifs : on possède au moins un type de mémoire principal et un type secondaire.

Vous mémorisez mieux :

a. Les récits des cours d'histoire ou de français.
b. Les schémas de géographie, les formules de maths.
c. Votre propre prise de notes.

Votre astuce pour mémoriser vos cours :

a. Vous relisez votre cours à voix haute, comme si vous le récitiez à quelqu'un.
b. Vous relisez vos notes et vos fiches.
c. Vous demandez à quelqu'un de vous interroger.

Votre attitude au travail :

a. Facilement déconcentré.e par les bruits autour de vous.
b. Très concentré.e sur les cours et les exercices à faire, dans votre « bulle ».
c. En mouvement, vous relisez vos cours en marchant.

Votre entourage de travail :

a. Un parent, un ami, quelqu'un qui vous aide et vous motive.
b. Uniquement les cours, rien qui vous déconcentre.
c. Un peu de musique ou la télévision allumée en fond sonore.

Ce qui vous gêne en classe :

a. Les professeurs que l'on entend mal ou que l'on a du mal à comprendre. Impossible pour vous de vous concentrer et de retenir le cours.
b. Être loin du tableau, ou les professeurs qui n'écrivent rien au tableau : vous avez besoin de lire pour comprendre.
c. Devoir rester assis.e toute la journée, ne pas pouvoir être dans une position plus confortable pour l'écoute et la concentration.

Pour vous, la compréhension et l'apprentissage s'effectuent principalement :

- en écoutant le cours → **mémoire auditive**
- en relisant le cours → **mémoire visuelle**
- en bougeant, en marchant, en manipulant → **mémoire kinesthésique**

Résultats du test

→ **Vous avez une majorité de a : vous avez une mémoire auditive**

• Vous retenez mieux ce que l'on vous raconte que ce que vous lisez. Vous avez besoin de vous entendre redire les cours pour mieux vous en souvenir, de relire vos fiches à voix haute, de répéter.

→ **Vous avez une majorité de b : vous avez une mémoire visuelle**

• Vous retenez mieux ce que vous lisez, les schémas, votre prise de notes, les mots-clés écrits au tableau ou sur vos fiches. Vous avez besoin d'organiser vos cours et vos fiches de manière aérée, visuelle : titres, sous-titres, mots soulignés, surlignés… Cela vous aide à comprendre les idées et à les retenir.

→ **Vous avez une majorité de c : vous avez une mémoire kinesthésique**

• Vous avez besoin de vous approprier les notions par tout le corps ! Vous devez bouger, entendre, voir pour bien retenir les choses. Vous pouvez apprendre en faisant les cent pas, en jouant avec votre stylo, en mettant vos cours en chansons…

2 Astuces pour mieux apprendre

A Tenir compte de son type de mémoire

Mémoire visuelle

- Pour apprendre, faites des dessins, des schémas, et associez des images à la notion que vous êtes en train de réviser ; vous pouvez par exemple utiliser des cartes heuristiques (cartes mentales) pour vos révisions (voir p. 67).
- Réécrivez les parties du cours qui vous paraissent importantes, et rendez vos fiches de cours agréables à regarder, claires et précises. Surlignez, allez à la ligne régulièrement, faites des listes à puces… Bref, rendez vos cours « visuels » !

Mémoire auditive

- Soyez très attentif.ve en cours car c'est là que vous apprendrez la plus grande partie de vos leçons.
- N'hésitez pas à réviser vos cours avec un.e camarade, ou un adulte, à discuter des notions, à vous faire poser des questions à l'oral.
- Récitez votre cours à voix haute pour en faciliter la mémorisation.

Mémoire kinesthésique

- Essayez de faire des liens entre ce que vous apprenez et vos propres expériences.
- Apprenez en marchant, en bougeant les bras. Ne restez pas statique.
- Valorisez en particulier le sens du toucher. Lorsque vous révisez, vous pouvez manipuler des objets (gomme, crayon, balle anti-stress…) et lorsque vous reprendrez à nouveau ces objets, les notions de cours vous reviendront en tête.

Astuces kinesthésiques

- Manipulez vos livres, vos manuels, utilisez des post-it…
- Faites des fiches comportant les éléments essentiels, découpez-les, et réorganisez-les de manière à construire une progression logique dans le cours.
- Fabriquez des jeux : jeu des 7 familles pour les mouvements littéraires, pour les personnages de la pièce par exemple.
- Favorisez les flash-cards (voir p. 66).

B Faire des fiches

Ne retenir que l'essentiel

• Une bonne fiche de révision est celle qui vous propose l'essentiel de votre cours. Vous devez donc distinguer une notion précise que vous devez retenir, ou des éléments pertinents (des dates, des définitions, une liste d'auteurs et de leurs œuvres...).

Pour être efficace, retenez cette formule :

> une fiche de révision = un sujet

• Lorsque vous construisez vos fiches de révision, il est souvent plus intéressant d'envisager une autre structure que celle du cours pour que la lecture du cours et la révision des fiches soient complémentaires.

Construire une fiche de révision

Le plus important dans une fiche de révision est sa clarté. Vous devez immédiatement comprendre de quoi il s'agit, et le retenir facilement ! Votre fiche doit compiler des notions essentielles et vous permettre de vous les remémorer rapidement. Pour cela :

• numérotez vos fiches et notez le titre de la fiche de manière claire et colorée, une couleur par rubrique et par niveau de titres ;

• dans le corps de la fiche, évitez de rédiger des phrases complètes, voire des paragraphes entiers. Soyez le plus synthétique possible, utilisez les listes à tirets, à points ou à numéros.

Des exemples de titres de fiche

Fiche 1 / Histoire / La Renaissance
Fiche 2 / Histoire littéraire / L'humanisme
Fiche 3 / Histoire littéraire / La vie et l'œuvre de Rabelais
Fiche 4 / Les thèmes du récit / La bonne éducation
Fiche 5 / Les thèmes du récit / Rire de la guerre
Fiche 6 / Les personnages / Gargantua
Fiche 7 / L'histoire / Résumé par étape

Avantage des flash-cards

- Faciles à transporter, vous pouvez réviser **quand** et **où** vous voulez.
- Vous pouvez **réviser à plusieurs** (mélangez les cartes de chacun et tentez de répondre aux questions de tous…).
- Vous pouvez vous **tester régulièrement**.

C Les cartes pour mémoriser

Le principe des flash-cards est très simple : prenez une fiche bristol, notez **une information sur le verso** et **une information sur le recto**. Les flash-cards s'adaptent à tous les types de mémoire. Leur but est de réactiver facilement et régulièrement le lien entre deux informations :

- un personnage – Frère Jean, par exemple – et ses caractéristiques ;
- l'auteur et des éléments biographiques ;
- un mouvement littéraire et des auteurs y appartenant.

Mémoire auditive
(lire la fiche à voix haute plusieurs fois)

Recto de la fiche

Frères Jean des Entommeures

Verso

- Moine
- « jeune, vigoureux, gaillard, joyeux… »
- Guerrier courageux
- Aime le vin et la bonne nourriture
- Aide Gargantua dans les guerres picrocholines
- Abbaye de Thélème construite pour lui

Mémoire visuelle : une carte d'histoire littéraire

Recto de la fiche

L'humanisme

Verso

Auteurs importants :
Rabelais
Érasme
Montaigne
Thomas More

Thèmes :
Foi en l'homme
Éducation
Retour à la culture antique

D Les cartes mentales

Les cartes mentales permettent de visualiser en un coup d'œil les éléments essentiels d'une notion, et les liens qu'ils entretiennent entre eux. Elles se lisent dans le sens des aiguilles d'une montre. Vous pouvez les réaliser à la main ou sur des sites internet gratuits, qui permettent une création rapide et facile.

Pour que votre carte soit claire et compréhensible, certains éléments sont indispensables :

- placez au centre le thème principal, éventuellement illustré par une image ;
- n'utilisez qu'un ou deux mots-clés par nœud ;
- chaque notion rattachée au thème principal irradie du centre, sous forme de branche courbe et colorée ;
- utilisez des couleurs ;
- favorisez des liens courbes plutôt que droits entre les nœuds ;
- vous pouvez hiérarchiser les idées en les écrivant en plus ou moins gros, dans un cadre plus ou moins épais.

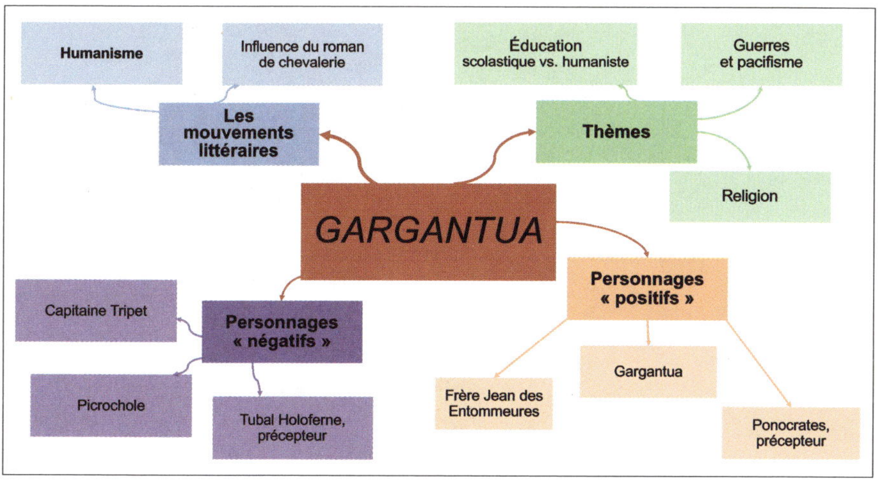

E Les nuages de mots

Pour réaliser un nuage de mots, vous pouvez vous rendre sur un site internet spécialisé (ils sont nombreux et généralement gratuits).

- Sélectionnez en premier lieu les termes que vous souhaitez retenir et qui permettent de définir simplement les grandes idées de l'œuvre ou de caractériser un personnage.
- Sur le site, saisissez les mots sélectionnés, choisissez les critères de mise en forme (police de caractères, couleurs, orientation du texte, etc.).
- Votre nuage est créé ! Vous pouvez généralement le télécharger et l'imprimer.

Vous pouvez créer un nuage de mots pour l'œuvre dans sa globalité, un autre pour les personnages, un autre encore pour l'auteur…

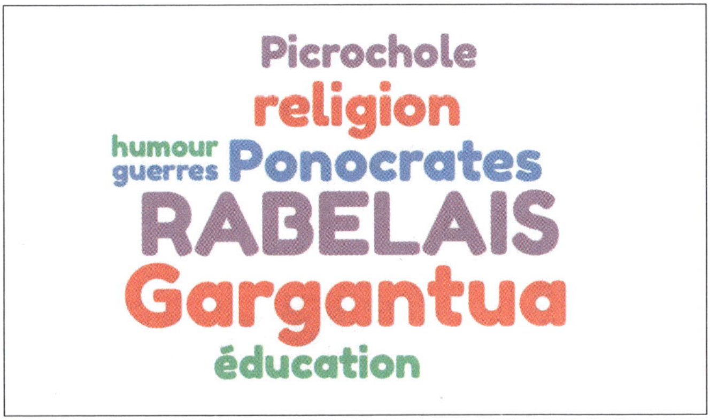

F Les abécédaires

Cette manière originale de présenter une œuvre peut vous aider à vous remémorer l'essentiel en vous récitant simplement l'alphabet ! Vous pouvez n'utiliser que certaines lettres.

Gargantua
Abécédaire

Abbaye
Bergers
Éducation
Frère Jean
Gargamelle
Humanisme
Moine
Nourriture
Oreille
Picrochole
Religion
Scatologique
Thélème
Utopie

G Les exempliers

Un exemplier est une liste d'exemples destinés à mieux faire comprendre ou à retenir une notion.

Il peut s'agir de citations, de mots, de noms…

Un exemplier peut être très utile pour retenir des citations par thème et s'en servir dans la dissertation sur œuvre ! Voici une proposition d'exemplier sur le thème de l'éducation, tiré de *Gargantua*.

Éducation

1. « on lui indiqua un grand docteur en théologie nommé Maître Thubal Holoferne, qui lui apprit si bien son alphabet qu'il pouvait le réciter par cœur à l'envers », (chap. 14)
2. « son père s'aperçut que, s'il étudiait très bien et y passait tout son temps, il n'en profitait absolument pas et, qui pis est, qu'il en devenait fou, niais, tout ahuri et radoteur », (chap. 15)
3. « selon l'envie, on continuait la leçon ou bien ils commençaient à converser joyeusement ensemble », (chap. 23)
4. « Puis Gargantua récapitulait rapidement avec son précepteur, à la façon des Pythagoriciens, tout ce qu'il avait lu, vu, appris, fait et entendu au cours de la journée. » (chap. 23)

3 Organiser ses révisions

A Faire un « rétro-planning »

De combien de temps disposez-vous ?

Pour bien s'organiser, il faut connaître les échéances : quelles sont les dates des évaluations, des bacs blancs, des épreuves de bac, des examens ? Vous pouvez les noter sur un calendrier pour visualiser leur enchaînement, les périodes « chaudes », et pour compter le nombre de jours ou de semaines qui précèdent chaque épreuve.

B Connaître ses priorités

Sur quelles notions mettre l'accent ?

- **Commencez par identifier les cours que vous avez à réviser** : s'agit-il des textes pour l'oral, de citations à apprendre par cœur, de cours de méthodologie pour la dissertation, pour le commentaire ? Faut-il faire des fiches, ou les apprendre, les réviser ?
- **Établissez vos priorités** : surtout, pas d'impasses, il faut tout réviser ! et on n'écoute pas les « ouï-dire » qui affirment que tel objet d'étude va « tomber » pour l'interrogation ou le jour du bac. On ne peut pas savoir. Mais dans votre planning de révisions, commencez par ce qui vous demandera le plus d'implication, le plus de temps, et gardez pour la fin les tâches dans lesquelles vous êtes plus à l'aise.
- **Reprenez vos interrogations et bulletins précédents** : sur quels points votre professeur vous a-t-il demandé de vous améliorer ? S'agit-il du style, de la qualité de l'argumentation, de votre maîtrise de la méthode, de vos connaissances notionnelles ?

C Connaître son type de mémoire

→ Reportez-vous aux pages 62-63 pour connaître votre type de mémoire et ainsi savoir ce qui vous convient le mieux pour apprendre.

4 Construire son planning

A Bien s'organiser

Comment construire un planning de travail ?

- **Ménagez des plages de travail suffisamment longues** pour avoir le temps de vous concentrer sur une tâche, mais pas trop longues non plus pour ne pas perdre haleine. Une plage de **1 h 30 à 2 h 00** paraît un bon compromis.
- **Prévoyez de travailler le matin** les matières demandant le plus de concentration et le plus d'efforts de votre part. Prévoyez un moment de révisions en **fin de journée**.
- **Pensez à varier le type d'activités** dans une même journée : travail oral + écrit + fiches + apprentissage par cœur…
- **À la fin de chaque journée,** vérifiez que vous avez rempli vos objectifs ! C'est gratifiant lorsque c'est le cas, et cela permet de mettre les bouchées doubles le lendemain si tout le travail n'a pas été accompli.

B Préparer son espace de travail

Où et comment travailler ?

- **Choisissez un endroit où vous allez travailler durant toute la période de révisions.** Le lieu doit être au calme et suffisamment spacieux pour pouvoir disposer toutes vos affaires et tous vos livres.
- **Prévoyez des en-cas** à grignoter durant les pauses. Pour maintenir votre concentration et vous redonner de l'énergie : les fruits secs et les noix en tout genre, accompagnés d'un peu de chocolat noir ! Et pensez à boire souvent.
- **Ménagez-vous des moments de détente :** pauses de 15 minutes le matin et l'après-midi, temps de détente après le déjeuner pour s'aérer un peu l'esprit.
- **Éteignez votre téléphone portable.** C'est important pour être sûr de rester concentré.

L'épreuve écrite

→ **Pour le Bac, la dissertation porte sur une œuvre intégrale étudiée durant l'année et sur le parcours associé qui l'accompagne.**

La dissertation

Qu'est-ce que c'est ?

« Discours ou écrit où sont développés, de façon ordonnée, des arguments sur un sujet, un thème, ou une question scientifique. »

« Dans les classes terminales du second cycle des lycées et dans les universités : exercice écrit, que l'on donne aux élèves ou aux étudiants, qui consiste dans la discussion argumentée d'un sujet donné. »

La dissertation au Bac

- La **dissertation** est l'une des épreuves écrites proposées au baccalauréat, en concurrence avec le **commentaire de texte** (toutes filières) ou la contraction de texte suivie d'un essai (uniquement pour la littérature d'idées en filières technologiques).
- Les élèves disposent de **4 heures** pour la rédiger. Ce travail d'écriture peut parfois inquiéter les candidats, et pourtant, c'est une épreuve rassurante que l'on peut très bien préparer en amont.
- Pour réussir sa dissertation, il faut bien connaître la **méthodologie** de l'épreuve, et maîtriser parfaitement les œuvres intégrales étudiées durant l'année (sur lesquelles vous aurez constitué de nombreuses fiches durant vos révisions).

Objectifs de l'épreuve

On vous demande de :

1. répondre à la question que pose le sujet ;

2. trouver une problématique permettant d'élargir la réflexion portée par le sujet ;

3. construire une argumentation élaborée en deux ou trois grandes parties autour de cette problématique ;

4. savoir utiliser vos connaissances et votre interprétation de l'œuvre sur laquelle porte la dissertation, ainsi que des textes appartenant au parcours associé ;

5. utiliser un vocabulaire soutenu, une syntaxe claire, une orthographe rigoureuse.

Quiz

1. **Sur quoi peut porter la dissertation le jour du Bac ?**
2. **Combien de parties une dissertation doit-elle comporter au minimum ?**

Objectif BAC

1 La dissertation en un coup d'œil

Une introduction rédigée en un seul paragraphe, qui reprend les éléments suivants

- Accroche
- Reprise du sujet
- Discussion du sujet
- Problématique
- Annonce du plan

Deux ou trois grandes parties qui sont toutes construites sur le même modèle

[alinéa 1] Annonce de l'axe de la grande partie et des sous-parties.
[alinéa 2] Premier argument, développé en s'appuyant sur des exemples interprétés.
[alinéa 3] Deuxième argument, développé en s'appuyant sur des exemples interprétés.
[alinéa 4] Troisième argument, développé en s'appuyant sur des exemples interprétés.
[alinéa 5] Bilan de la partie et transition vers la partie suivante.

! *On ne saute pas de ligne au sein d'une même partie, mais on saute des lignes entre chaque grande partie !*

Une conclusion rédigée en un seul paragraphe, qui reprend les éléments suivants

- Bilan et réponse à la problématique
- Ouverture

L'épreuve écrite

2 Réussir sa dissertation : méthode pas à pas

SUJET 1

→ Rabelais affirme dans son apostrophe aux lecteurs « qu'ici vous n'apprendrez / Que peu de perfection, si n'êtes enclins au rire. / Mon cœur ne peut élire aucun autre sujet, / Quand je vois le deuil qui vous mine et consume : / Il vaut mieux écrire du rire que des larmes, / Parce que le rire est le propre de l'homme. »
En quoi ce passage éclaire-t-il votre lecture de l'œuvre *Gargantua* et votre réflexion autour du parcours associé ?

A Analyser le sujet

1re ÉTAPE Comprendre le sujet et le situer dans l'œuvre intégrale

- Ce sujet de dissertation s'appuie sur une **citation extraite de l'œuvre au programme**. On attend de vous que vous puissiez le situer dans l'économie générale de l'œuvre et en analyser les enjeux en rapport avec le récit complet.
- Cet avertissement rédigé sous forme de dizain dans sa version complète permet à l'auteur de *Gargantua* de s'adresser directement à ses lecteurs. On sait qu'il a été rajouté à la deuxième édition de l'œuvre pour atténuer les réactions suscitées par le prologue qui le suit. L'auteur y **justifie la rédaction de son récit** et le présente comme une œuvre dans laquelle les lecteurs trouveront **matière à apprendre sur le rire**. On comprend que *Gargantua* sera une sorte de remède à la mélancolie, l'auteur, médecin lui-même, se présentant comme un **médecin de l'âme de son lecteur**.

2e ÉTAPE Analyser les mots-clés du sujet

L'analyse du sujet portera sur la citation uniquement, le reste de la formulation relevant davantage de l'ordre de la consigne de travail.

qu'ici vous n'apprendrez / Que peu de perfection, si n'êtes enclins au rire. / Mon cœur ne peut élire aucun autre sujet, / Quand je vois le deuil qui vous mine et consume : / Il vaut mieux écrire du rire que des larmes, / Parce que le rire est le propre de l'homme.

Analysez les termes

Surlignez au brouillon les termes importants, avec un code couleur.

- La citation servant de sujet permet de faire le lien entre le « rire » et le « savoir », et nous amène à réfléchir aux fonctions du rire dans le récit.
- Cette adresse aux lecteurs met en lien deux tonalités *a priori* opposées : une tonalité pathétique qui confine presqu'au tragique lorsque Rabelais décrit le lecteur, avec les termes « deuil », « mine », « consume », « larmes », et une tonalité comique avec la répétition par trois fois du terme « rire ».
- Le passage de l'avertissement qui est proposé à l'étude se termine ainsi par cette affirmation célèbre ayant valeur de maxime : « le rire est le propre de l'homme », qui permet d'élever la fonction de l'œuvre à un rang philosophique : c'est bien à l'esprit humain que Rabelais s'adresse avec cette œuvre, qui derrière les apparences du rire va donc permettre à l'homme de s'élever au-delà de sa condition mélancolique. Dans le prologue qui suit ce passage, l'auteur, s'appuyant sur l'exemple de Socrate et de Silène, va d'ailleurs poursuivre cette idée que **derrière un aspect parfois bouffon se cache une pensée plus philosophique qu'il n'y paraît.**

B Questionner le sujet et trouver la problématique

3e ÉTAPE Discuter le sujet pour mettre au jour l'implicite

3e étape
- **L'explicite** du sujet
- **L'implicite** du sujet

Ce que dit le sujet

- Cet avis, qui fonctionne comme une sorte de manifeste en faveur du choix de l'humour dans l'œuvre, nous amène à nous interroger sur le rire et ses fonctions. L'auteur l'oppose au « deuil qui [...] mine et consume » les hommes. Le rire aurait donc pour fonction première de nous éloigner de notre inquiétude de la mort.

- Mais le rire étant « le propre de l'homme », il permet également de s'adresser à notre intelligence pour nous apprendre des choses. Puisque Rabelais a choisi d'écrire pour l'homme, il traite de ce qui lui est spécifique, ou en tout cas, il choisit un moyen spécifiquement humain de s'adresser à son intelligence : le rire. Le rire, dans toutes ses variations, devient alors le seul domaine de perfection que l'homme pourrait atteindre.

Ce que ne dit pas le sujet

- Mais Rabelais paraît sans doute bien modeste lorsqu'il affirme que son œuvre n'enseignera que « peu de perfection, sinon en matière de rire ». On sait en effet que l'auteur, lui-même très érudit, souhaite avec ce récit instruire son lecteur et l'encourager à aller vers le bien, tant en matière de morale que d'éducation. L'étude des principaux thèmes du récit prouve ainsi que de nombreux domaines d'études chers aux humanistes sont envisagés dans le récit, et que l'humour cache en réalité une critique fine des travers de l'époque : mauvaise éducation, absurdité des guerres, religion mal appliquée.

- Le lecteur apprendra sans doute ainsi davantage que simplement à rire en lisant *Gargantua*, et si le rire fonctionne bien comme un remède à la mélancolie humaine, il endosse également ici des fonctions autrement plus sérieuses.

Formulation de la problématique

En quoi le rire dans *Gargantua*, au-delà de sa fonction première, permet-il au lecteur de s'élever grâce au savoir auquel il lui donne accès ?

C Chercher des arguments et des exemples

4e ÉTAPE Répondre aux questions posées par la problématique et chercher des exemples

La fonction première du rire, telle que la présente Rabelais

→ Le rire, une « perfection » à atteindre

Rabelais excelle dans le travail de l'humour, et son rire prend de très nombreux visages dans l'œuvre : rire scatologique, rire bouffon, exagération...

On retrouve en effet toutes les formes de comiques dans l'œuvre : de **mots** (calembours, néologismes, vocabulaire spécialisé, accumulations, mélange de tons, etc.), de **situations** (Gargantua qui noie les Parisiens dans son urine du haut de Notre-Dame), de **gestes** (l'escrime approximative de Frère Jean avec son bâton de croix), de **caractères** (la colère de Picrochole ou la bêtise de Thubal Holoferne).

Le choix d'une famille de géants permet par ailleurs à l'auteur de jouer sur des **exagérations** à effets comiques : les quantités, les nombres, les listes sont toujours très, très élevées, ce qui provoque le sourire du lecteur (« Et on fit venir pour lui dix-sept mille neuf cents vaches de Pontille et de Bréhémont pour l'allaiter quotidiennement. »).

Enfin, l'œuvre de Rabelais se caractérise surtout par l'usage fréquent que l'auteur fait de l'humour scatologique, qui peut en choquer certains mais dont

Arguments

Exemples tirés de *Gargantua*

L'épreuve écrite

les enjeux sont moins frivoles qu'il n'y paraît, le rire scatologique étant avant tout profondément lié à la condition même de l'homme, ce que tend à prouver le passage où Gargantua découvre la philosophie en s'essuyant le derrière. Pour autant, l'usage du rire scatologique sert principalement des textes à visée comique. En effet, la transgression de tabous puissants, comme celui qui pèse sur l'excrémentiel, s'accompagne dans la vie quotidienne aussi bien que dans la littérature, d'un rire libérateur dont la fonction est de remplacer la honte : on pourra ainsi relever de très nombreux passages du roman qui font usage d'humour en rapport avec les productions corporelles des géants, dès avant la naissance même de Gargantua (« Il disait pourtant à sa femme d'en manger [*des tripes*] le moins possible, vu qu'elle approchait de son terme et que cette tripaille n'était pas un mets très recommandable : « Il a, disait-il, grande envie de mâcher de la merde, celui qui en mange le sac. » Malgré ces remontrances, elle en mangea seize muids, deux tonneaux et six pots. Ô la belle matière fécale qui devait boursoufler en son ventre ! »)

Exemples dans d'autres œuvres →

D'autres auteurs choisissent le rire comme perfection formelle à atteindre dans leurs œuvres : Molière dans ses comédies comme *Les Fourberies de Scapin*, Voltaire dans ses contes philosophiques. Concernant le rire scatologique, on le trouve déjà dans le *Roman de Renart* au Moyen Âge ou, plus tard, dans un poème de Victor Hugo, « [Ode à la] Merde ».

Le rire, « propre de l'homme », qui le détourne de son angoisse existentielle

→ Détourner l'homme du « deuil qui [le] mine et [le] consume »

Mais le rire n'est pas à prendre uniquement dans son aspect formel et dans sa fonction première

Objectif BAC

(*faire rire*) ; il faut en effet aller chercher plus loin, sous le masque du rire ce que cache la pensée réelle de celui qui rit. L'auteur l'annonce d'ailleurs dès le prologue : « en admettant que le sens littéral vous procure des matières assez joyeuses et correspondant bien au titre, il ne faut pourtant pas s'y arrêter, comme au chant des sirènes, mais interpréter à plus haut sens ce que par hasard vous croyiez dit de gaieté de cœur. » (prologue)
Le rire a ainsi pour fonction, si l'on en revient à la citation qui sert de support au sujet, de permettre à l'homme d'oublier sa condition tragique. Il transpose en effet une réalité inquiétante, en particulier la possibilité de notre propre mort, en quelque chose d'acceptable. Le courage inconscient de Frère Jean des Entommeures qui étripe (au sens propre) ses ennemis permet par exemple de faire rire le lecteur, tout en lui présentant la mort dans ce qu'elle a de plus cruel.
Cependant, la réflexion sur la finitude de l'homme prend moins la valeur d'une éthique moralisatrice que d'une injonction à profiter de la vie. Dès la fin de l'avertissement aux lecteurs, Rabelais nous enjoint d'ailleurs en lettres capitales : « VIVEZ JOYEUX ! » Et c'est bien ce que tentent de faire les géants tout au long du récit, eux qui font ripailles à chaque occasion.
Enfin, il semblerait que l'homme réussisse à se détourner du « deuil qui [le] mine et [le] consume » par d'autres moyens que le rire, et la joie et le bonheur trouvent leur lieu de prédilection dans l'abbaye de Thélème. Il s'agit là d'une forme de joie apaisée, où le rire bouffon laisse la place à un bonheur sans excès. C'est la liberté laissée à l'homme sage qui lui permet d'accéder alors à une forme de sérénité, et non plus le rire formel : « Toute leur vie était ordonnée non selon des lois,

L'épreuve écrite

des statuts ou des règles, mais selon leur bon vouloir et leur libre arbitre. » (chap. 57)
Molière a lui aussi utilisé le rire pour se détourner de l'angoisse de sa propre mort, dans sa dernière comédie *Le Malade imaginaire*. D'autres dramaturges, comme les auteurs de l'absurde, ont également pris le parti de rire de la mort (Ionesco, *La Leçon*), ou plus récemment des réalisateurs comme Roberto Benigni dans son film *La Vie est belle*.

Une autre fonction du rire, que Rabelais tait par humilité ou crainte de la censure

→ La fonction pédagogique du rire

Le rire en littérature peut également être un vecteur d'apprentissage, selon le principe du philosophe Horace (« plaire et instruire »). Le rire devient alors moins un *divertissement* qu'un *avertissement* : associé à la liberté d'expression en ce qu'il permet d'éviter la censure, il revêt aussi dans l'œuvre une fonction critique : il ne suffit pas en effet de préférer le rire aux larmes, comme le précise Rabelais dans son « Avertissement aux lecteurs », le rire doit également avoir une légitimité morale ; il doit aussi avoir pour fonction de corriger les hommes. « C'est pourquoi il faut ouvrir le livre et soigneusement peser ce qui y est traité. Alors vous reconnaîtrez que la drogue qui y est contenue est d'une tout autre valeur que ne le promettait la boite : c'est-à-dire que les matières ici traitées ne sont pas si folâtres que le titre le prétendait. » (prologue)
Ainsi Rabelais assigne au rire des exigences avant tout éducatives ; c'est par le recul qu'il permet de prendre que le rire devient une arme redoutable pour dénoncer les travers de l'homme et de la société. Et c'est parce qu'il est transgressif et qu'il s'oppose à l'ordre établi des choses que le rire est si efficace,

et qu'il fait si peur. Derrière les personnages bouffons des géants gourmands ou derrière le rire grossier que peut susciter les plus grands passages scatologiques de l'œuvre, il faut donc chercher la « substantifique moelle », c'est-à-dire le sens caché sous la surface : derrière l'apparente frivolité, l'engagement. L'auteur, du plus profond de son humanisme, s'engage ainsi à éduquer son lecteur afin qu'il devienne meilleur humain, grâce à une meilleure éducation. Comme Montaigne qui affirme qu'en matière d'éducation, « Mieux vaut tête bien faite que tête bien pleine », Rabelais développe dans son récit tout un programme éducatif idéal, porté par le précepteur Ponocrates.

Tout naturellement, cette formation humaniste devrait permettre à l'homme bien formé de faire meilleur usage de son esprit, et de fuir la guerre ou d'appréhender la religion avec discernement, en n'en suivant que les préceptes les plus sages. Ces deux thématiques sont ainsi abordées dans l'œuvre, en particulier l'absurdité de la guerre dénoncée dans les combats contre Picrochole.

« les Sorbonnistes disent que la foi permet de croire les choses qu'on n'a jamais vues. » (chap. 6)

« que les États seraient heureux lorsque les rois philosopheraient ou que les philosophes régneraient. » (chap. 45)

Ces thématiques se retrouvent dans de nombreuses œuvres, que l'auteur choisisse ou non de les aborder par le biais du rire : l'éducation dans les *Essais* de Montaigne ou dans le récit précédent de Rabelais, *Pantagruel* ; la guerre dans *Candide* de Voltaire ou dans *La Chartreuse de Parme* de Stendhal ; la religion également chez Voltaire, de manière continue, ou dans les *Lettres persanes* de Montesquieu ou l'essai d'Émilie du Châtelet, *Doutes sur les religions révélées adressés à Voltaire*.

D Bâtir un plan

5e ÉTAPE Trouver la structure du plan

5e étape

• Chaque partie est une **thèse**, une idée : vous devez donc la formuler sous forme d'une phrase.
• N'hésitez pas à reprendre les **termes du sujet** pour prouver que vous ne vous en éloignez pas.

• La question posée par ce sujet est une **question ouverte** (on ne peut pas répondre par *oui* ou *non*). Le plan sera donc **thématique**. Il faut que la dissertation soit un développement de la citation avec une **explication** des termes du sujet (les deux premières parties) puis un **prolongement** : on cherchera à rendre compte de la spécificité du rire dans *Gargantua*, en mettant le terme en lien avec le « savoir » et les connaissances qu'il permet d'acquérir.

I. Le rire atteint bien dans l'œuvre de Rabelais une sorte de « perfection » formelle...
II. ... tout en permettant à l'homme de se détourner du « deuil qui [le] mine et [le] consume ».
III. Cependant, le rire vise une autre fonction : permettre à l'homme de devenir meilleur humain grâce à l'accès à la connaissance.

6e ÉTAPE Faire un plan détaillé

Dans la mesure du possible, essayez de composer un plan équilibré ; cet équilibre prouve que vous pouvez organiser une pensée construite et trouver suffisamment d'arguments pour développer vos idées.

En fonction du sujet et de votre réflexion, vous pouvez adopter différentes structures de plan :
– 2 grandes parties composées de 3 sous-parties ;
– 3 grandes parties composées de 2 sous-parties ;
– 3 grandes parties composées de 3 sous-parties.

Exemple de plan détaillé pour le sujet :

I. Le rire atteint bien dans l'œuvre de Rabelais une sorte de « perfection » formelle...
1. Le comique de mots et les exagérations
2. Le comique de caractère et de mœurs
3. Le comique de situations et le rire scatologique

II. ... tout en permettant à l'homme de se détourner du « deuil qui [le] mine et [le] consume ».
1. Éloigner l'homme de l'inquiétante étrangeté du monde et de sa propre finitude.
2. Le rire comme injonction épicurienne à profiter de la vie.
3. Le bonheur dans la liberté, plutôt que dans le rire ?

III. Cependant, le rire vise une autre fonction : permettre à l'homme de devenir meilleur humain grâce à l'accès à la connaissance.
1. Rire pour instruire : le rire comme vecteur d'enseignement.
2. Le rire humaniste de Rabelais.
3. Devenir meilleur humain et faire usage de son esprit.

E Rédiger sa dissertation

7e ÉTAPE Rédiger l'introduction

L'introduction d'une dissertation peut être assez longue. Elle ne contient pourtant qu'un seul paragraphe ; elle commence par un alinéa et se rédige sans passage à la ligne. Utilisez des connecteurs pour passer d'une étape à l'autre. Pour la rédiger, nous nous servons de tout ce que nous avons rédigé dans les étapes précédentes et qui se trouve donc sur vos brouillons !

Accroche *: on choisit ici une citation portant sur le thème du sujet*

Présentation de l'auteur et de l'œuvre

Sujet

Reformulation et **discussion** du sujet

« Je me presse de rire de tout, de peur d'être obligé d'en pleurer », avoue Figaro à son maître dans *Le Barbier de Séville* de Beaumarchais, une œuvre publiée en 1775. Le valet philosophe juge ainsi nécessaire d'appréhender les événements de la vie avec légèreté plutôt que d'en observer uniquement la part tragique. Cette démarche n'est pas nouvelle puisque des auteurs comme Montaigne, La Fontaine ou encore Rabelais avaient pris, des années auparavant, le même parti. En effet, dans son prologue à son deuxième récit *Gargantua*, l'auteur humaniste affirmait déjà, s'adressant aux lecteurs, qu'il prenait le parti de rire afin de détourner l'homme de sa peine. Il le disait en ces termes : « ici vous n'apprendrez / Que peu de perfection, si n'êtes enclins au rire. / Mon cœur ne peut élire aucun autre sujet, / Quand je vois le deuil qui vous mine et consume : / Il vaut mieux écrire du rire que des larmes, / Parce que le rire est le propre de l'homme. » Cette adresse aux lecteurs met ainsi en lien deux tonalités *a priori* opposées : une tonalité pathétique qui confine presqu'au tragique lorsque Rabelais décrit le lecteur, et une tonalité comique avec la répétition par trois fois du terme « rire ». Le passage de l'avertissement qui est proposé à l'étude se termine d'ailleurs par cette affirmation célèbre ayant valeur de maxime : « le rire est le propre de l'homme », qui semble élever la fonction de l'œuvre à un rang plus philosophique : c'est bien à l'esprit humain que Rabelais s'adresse avec *Gargantua*, récit qui derrière les apparences du rire va donc permettre à l'homme de s'élever au-delà de sa condition mélancolique. Mais est-ce là la seule fonction du rire dans l'œuvre, détourner l'homme de sa tristesse ? Le lecteur n'atteindra-t-il de « perfection » qu'en matière de rire en lisant ce récit ? Ne peut-on pas imaginer que le rire endosse également des fonctions plus éducatives, ce que confirme d'ailleurs la lecture du prologue ? Ainsi, nous pouvons nous demander en quoi le rire dans *Gargantua*, au-delà de sa fonction première, permet au lecteur de s'élever grâce au savoir auquel il donne accès. Nous verrons successivement que le rire atteint bien dans l'œuvre de Rabelais une sorte de « perfection » formelle, tout en permettant à l'homme de se détourner du « deuil qui [le] mine et [le] consume ». Enfin, nous analyserons l'autre fonction que le rire endosse dans l'œuvre : permettre à l'homme de devenir meilleur humain grâce à l'accès à la connaissance.

Problématique

Annonce du plan

8e ÉTAPE Rédiger le corps du devoir

- Rédiger votre dissertation vous demandera simplement de procéder de manière méthodique, pas à pas, en suivant rigoureusement chaque étape imposée par ce type de devoir d'écriture.

Après un premier alinéa dans lequel vous annoncez l'axe de la grande partie et les sous-parties (voir le schéma de la copie p. 73), chaque sous-partie sera organisée ainsi : annonce de l'argument + citation et/ou passages exploités + interprétation. Enfin, au terme de vos deux ou trois sous-parties, qui chacune commence par un alinéa, un bilan éventuellement suivi d'une transition achève votre grande partie.

- Utilisez toujours les connecteurs logiques ou temporels pour rendre visible la progression de votre réflexion.
- Nous choisissons de rédiger la deuxième grande partie du devoir.

Annonce de la **grande partie** →

Annonce des **sous-parties** →

Annonce des **arguments** →

Exemples et **citations** exploités →

Nous allons voir à présent que le rire permet également à l'homme de se détourner de son angoisse existentielle, d'une part en l'éloignant de l'inquiétante étrangeté du monde et de sa propre finitude, mais aussi en fonctionnant comme une injonction épicurienne à profiter de la vie. Enfin, nous nous demanderons si le rire est le seul moyen, selon Rabelais, d'alléger l'homme de ce « deuil qui [le] mine et [le] consume ».

Tout d'abord, il semble que le rire ne soit pas à prendre que dans sa fonction première, qui consiste à faire rire le lecteur, à l'amuser. Il s'agit bien en réalité de le *divertir*, au sens pascalien du terme, c'est-à-dire de le *détourner* de l'angoisse de la mort. L'auteur l'annonce d'ailleurs dès le prologue, puisqu'il affirme qu'« en admettant que le sens littéral vous procure des matières assez joyeuses et correspondant bien au titre, il ne

Objectif BAC

faut pourtant pas s'y arrêter, comme au chant des sirènes, mais interpréter à plus haut sens ce que par hasard vous croyiez dit de gaieté de cœur. » Le courage inconscient de Frère Jean des Entommeures qui étripe (au sens propre) ses ennemis permet, par exemple, de rappeler au lecteur la possibilité de sa propre mort, tout en le faisant rire. Le lecteur doit donc par un effort de réflexion accéder au « plus haut sens », et comprendre que le rire a également pour fonction de le détourner de ses propres larmes, de la douleur qui le « mine ». Le moine Jorge l'affirme en d'autres termes à la fin du roman d'Umberto Ecco, *Le Nom de la Rose* : « Au moment où il rit, peu importe au vilain de mourir. » C'est que le rire transpose en effet une réalité inquiétante, en particulier la possibilité de notre propre mort, en quelque chose d'acceptable. Il anesthésie nos angoisses, nous distrait de notre peur, et manifeste une prise de distances face aux choses dont on rit.

Formulation d'une **conclusion partielle** (interprétation)

Cependant, la réflexion sur la finitude de l'homme prend moins, dans le récit de Rabelais, la valeur d'une éthique moralisatrice plutôt que celle d'une injonction à profiter de la vie. L'image du rieur, c'est celle de ce bon vivant capable de conjuguer les plaisirs de la chère à ceux de l'esprit. Dès la fin de l'avertissement aux lecteurs, Rabelais nous intime d'ailleurs cet ordre en lettres capitales : « VIVEZ JOYEUX ! » Et c'est bien ce que tentent de faire les géants tout au long du récit, eux qui font ripailles à chaque occasion ; c'est au milieu d'un banquet de tripes que naît notre géant (chapitre 6), et c'est encore à l'occasion d'un banquet que Gargantua retrouve son père lors des guerres picrocholines (chapitre 39). On comprend alors que vivre dans

L'épreuve écrite

la joie, c'est d'abord, pour ces géants, faire bonne chère, ce que prouve d'ailleurs la dernière exclamative qui clôt le récit : « et bon appétit ! » Mais l'on peut supposer que pour Rabelais, philosophe humaniste bien plus sage que ses personnages, le bonheur ne se trouve pas que dans les tripes et le bon vin.

En effet, au terme de toutes les aventures du géant, le penseur humaniste va proposer un lieu idéal, utopique, dans lequel l'homme sera enfin éloigné du « deuil qui [le] mine et [le] consume ». C'est dans l'abbaye de Thélème que les hommes et les femmes vont trouver le vrai bonheur ; mais il s'agit là d'une forme de joie apaisée, où le rire bouffon laisse place à un bonheur sans excès. L'auteur affirme ainsi à propos des Thélémites que « Toute leur vie était ordonnée non selon des lois, des statuts ou des règles, mais selon leur bon vouloir et leur libre arbitre », et l'on sait que la devise inscrite au fronton de l'abbaye est *Fais ce que tu voudras* (chap. 57). C'est donc par le bon usage d'une liberté à laquelle seul l'homme sage peut prétendre que les lecteurs pourront accéder à une forme de sérénité, et non pas uniquement par le rire bouffon, outrancier, scatologique.

Bilan de la partie et **transition** vers la partie suivante

Ainsi, l'auteur utilise le rire à différentes fins, dont l'une est de vaincre en partie l'angoisse que provoque en l'homme l'inquiétude de sa propre mort. Mais nous allons voir à présent que Rabelais omet dans son « adresse aux lecteurs » de rappeler que l'une des fonctions essentielles du rire dans son récit est aussi de permettre à l'homme d'accéder, par l'humour, à une forme supérieure de savoir, et donc à devenir meilleur humain selon les préceptes humanistes.

9e ÉTAPE Rédiger la conclusion

La conclusion, comme l'introduction, se rédige en un seul paragraphe, sans passage à la ligne, et débute par un alinéa. Ne commencez jamais par « En conclusion » ou « Pour conclure », des formules qui alourdissent votre propos.

Ainsi, il apparaît que le rire dans l'œuvre de Rabelais endosse plusieurs fonctions. Divertissant le lecteur qu'elle fait rire en même temps qu'elle le détourne de l'angoisse de sa propre mort, le rire devient également une porte d'entrée vers la connaissance, seule moyen selon les penseurs humanistes de rendre l'homme meilleur. Les fonctions éducatives du rire sont le fer de lance des comédies classiques telles que Molière les envisagera, un siècle après Rabelais, lui qui reprendra à son compte la formule « *castigat ridendo mores* » apparaissant aux frontons des théâtres italiens, signifiant que les comédies « corrigent les mœurs par le rire ».

Réponse à la problématique en synthétisant rapidement les parties de la dissertation

Ouverture

SUJET 2

→ **Pensez-vous que le rire est un bon moyen d'accéder au savoir ? Vous appuierez votre réflexion sur votre lecture de *Gargantua* de Rabelais, sur les textes étudiés durant l'année et sur votre culture personnelle.**

A Analyser le sujet

- Ce sujet paraît simple : il s'agit d'une **question fermée** (on répond par *oui* ou *non*) qui prend appui sur la thématique du parcours associé (« Rire et savoir ») rattaché à votre lecture de *Gargantua* et à l'étude des textes complémentaires. En ce sens, il doit vous permettre de convoquer toutes vos connaissances.
- Ce type de question oriente naturellement la réponse vers un **plan dialectique** dont les deux premières parties consistent à envisager les deux réponses possibles (« *Certes,… Cependant,…* ») ; une troisième partie doit permettre de dépasser la question posée par le sujet (elle peut se formuler sous forme d'une interrogative directe).
- Vous devez trouver des **synonymes**, éventuellement des **antonymes** (//) aux mots-clés du sujet pour être sûrs d'avoir bien compris la question et d'en envisager toutes les réponses possibles.
- De même, lorsque le sujet consiste en une question si courte, n'hésitez pas à la **reformuler** et à poser de **nouvelles questions** que le sujet vous inspire, pour approfondir votre réflexion et trouver des idées.

rire : humour, comique, drôle, gai, joyeux, amusement, plaisant // sérieux, larmes, pleurer, respecter, dramatiser…

bon : idéal, parfait, humaniste, complet, utile // mauvais, critiquable, imparfait…

savoir : apprentissage, connaissances, progrès, érudition, sagesse, comprendre // ignorance, illettrisme, sottise, scolastique…

L'humour est-il un bon moyen d'instruire le lecteur ?
Apprend-on plus facilement lorsqu'on rit ?
Le rire est-il compatible avec l'esprit de sérieux du savoir ?
Le savoir est-il toujours sérieux ?
Peut-on rire pour devenir sage ?
Le rire nous enseigne-t-il à devenir sage ?

B Chercher la problématique à partir du plan

- Il est parfois plus simple de trouver la problématique lorsque l'on connaît déjà son plan. Ce dernier aura été réfléchi auparavant au brouillon, à partir des questions posées et des arguments trouvés.

- Le sujet demande si le rire / l'humour / le registre comique sont un moyen efficace pour accéder au savoir / à la connaissance / à une forme d'érudition.

On devra d'abord aller dans le sens du sujet, en affirmant dans **une première partie** que le rire peut être un bon moyen d'accéder au savoir, puis on nuancera cette affirmation en nous demandant dans **un deuxième temps** quelles sont les limites du rire quand il est question d'apprentissage. Dans **une dernière partie,** on pourra alors se demander quel peut être le meilleur moyen d'accéder au savoir, pour Rabelais mais aussi pour d'autres auteurs étudiés au cours de l'année.

- La question posée par la problématique pourrait donc être la suivante :

Le rire est-il le moyen le plus efficace d'accéder au savoir ?

Pour la formuler, nous avons simplement changé l'expression du sujet « bon moyen » par « moyen le plus efficace », ce qui nous permet de mettre le rire en perspective avec d'autres moyens d'accéder à la connaissance et ainsi justifier notre troisième partie.

C Bâtir un plan détaillé

I. Certes, le rire est un bon moyen d'accéder au savoir

1. « placere et docere » : l'adage horatien a fait ses preuves, et de nombreux auteurs passent par l'humour pour capter l'attention de leurs lecteurs et mieux faire passer leur instruction.

→ La Fontaine et ses *Fables*, Molière et ses comédies, Voltaire et ses contes philosophiques

2. Dans *Gargantua*, Rabelais utilise le rire pour proposer une forme d'érudition joyeuse et instruire son lecteur sur les méfaits de la guerre ou sur l'importance d'une bonne éducation par exemple.

→ Le comique de caractère de Picrochole, ridicule dans sa colère et de Thubal Holoferne qui n'apprend que des choses inutiles à Gargantua tout en se croyant très intelligent

II. Cependant, le rire peut présenter des obstacles à l'apprentissage

1. Le rire outrancier et scatologique dont use Rabelais peut détourner le lecteur de la fonction didactique de l'ouvrage, le lecteur n'en conservant que l'aspect le plus plaisant.

→ Les attaques de Frère Jean sont lues comme des péripéties amusantes, et l'on peut passer à côté de la critique de la guerre qu'elles dénoncent en partie, de même sur l'ironie relative aux croyances religieuses proches de la superstition dénoncées au fil du récit

2. On peut s'arrêter à la surface du rire et ne pas comprendre quel enseignement il porte.

→ L'ironie de Voltaire dans *Candide* ou de Montesquieu dans *De l'Esprit des lois* n'est pas toujours comprise par le lecteur, et manque alors son enseignement

III. Le meilleur moyen d'accéder au savoir n'est-il pas la liberté laissée à celui qui apprend ?

1. Si l'on en croit Rabelais, le meilleur moyen d'accéder au savoir est la liberté
→ Les Thélémites ont pour devise « *Fais ce que tu voudras* », et ils sont pourtant extrêmement instruits et passent leur journée à apprendre de nouvelles choses

2. De nombreux penseurs ayant tenté de définir une éducation idéale ont d'ailleurs mis en avant l'importance de suivre les penchants et la curiosité de l'élève, qui cherchera de lui-même à s'instruire s'il comprend l'intérêt de se cultiver.
→ Rousseau dans *Émile et de l'éducation*, Daniel Pennac dans *Chagrin d'école*

D Exemple d'introduction rédigée

Rabelais affirme à son lecteur, dans son prologue à son deuxième récit, *Gargantua*, publié en 1534, qu'« en admettant que le sens littéral vous procure des matières assez joyeuses et correspondant bien au titre, il ne faut pourtant pas s'y arrêter, comme au chant des sirènes, mais interpréter à plus haut sens ce que par hasard vous croyiez dit de gaieté de cœur ». Le penseur humaniste nous encourage donc à aller chercher derrière les apparences joyeuses de son récit un sens plus sérieux, à fournir un travail d'interprétation, c'est-à-dire de réflexion sur son œuvre. Rabelais n'est pas le premier auteur à passer par le biais d'une forme gaie pour instruire son lecteur sur des leçons plus graves, et Horace expliquait déjà au Ier siècle avant J.-C. que la littérature doit pouvoir instruire son lecteur tout en le charmant grâce à un récit plaisant.

Accroche et Présentation : on choisit ici une accroche qui permet d'introduire directement l'œuvre au programme

Reprise du **sujet** tel quel	Mais le rire est-il un bon moyen d'accéder au savoir ?
Reformulation et **discussion** du sujet	Ces auteurs semblent considérer que l'on apprend plus facilement lorsqu'on rit ; le rire est-il pour autant compatible avec l'esprit de sérieux du savoir ? Au contraire, le savoir n'est-il pas toujours sérieux ? Et si ce n'est par le rire, quel peut être le moyen le plus efficace d'accéder au savoir ?
Problématique	Ainsi, nous pourrons nous demander si le rire est le moyen le plus efficace d'accéder au savoir.
Annonce du plan	Nous verrons d'abord que le rire peut en effet être un bon moyen d'accéder au savoir, puis on nuancera cette affirmation en interrogeant les limites du rire quand il est question d'apprentissage. Enfin, on pourra se demander si le meilleur moyen d'accéder au savoir, pour Rabelais mais aussi pour d'autres auteurs étudiés au cours de l'année, n'est pas la liberté laissée à celui qui apprend.

D'autres sujets de dissertation possibles pour vous exercer :

SUJET 3

→ **« Ici on renverse la fonction du rire, on l'élève à un art, on lui ouvre les portes du monde des savants, on en fait un objet de philosophie. » (Umberto Eco, *Le Nom de la Rose*, 1980)**
En quoi cette affirmation pourrait-elle s'appliquer à l'œuvre de Rabelais, *Gargantua* ?

SUJET 4

→ **Madeleine Lazard affirme dans son essai consacré à Rabelais que « La verve comique de Rabelais s'empare [...] des données de la réalité sociale, des problèmes de l'actualité politique et religieuse, de toutes les formes de la sottise ou de la folie humaine pour les exorciser par le rire ».**
Partagez-vous cette opinion à la lecture de *Gargantua* ?

Objectif BAC

SUJET 5

→ **Gustave Flaubert déclare dans une lettre du 9 octobre 1852 que « Rien n'est sérieux en ce bas monde que le rire ». Pensez-vous que cette affirmation pourrait éclairer la démarche de Rabelais lorsqu'il rédige *Gargantua* ?**

SUJET 6

→ **« Le rire, au départ, ce n'est pas la joie. Le rire, c'est précisément ce moyen de convertir quelque chose qui fait peur en quelque chose qui fait moins peur. Le rire touche aux ressorts essentiels de la peur. D'ailleurs, les plus grands comiques ne sont pas de grands joyeux. [...] Celui qui fait rire n'est pas celui qui rit parce qu'il a compris qu'il y a quelque chose qui ne va pas, qui fait peur à tous. Et il va transformer cela en un rire libératoire, cathartique. »**
(Olivier Mongin, *Philosophie Magazine*, 2006)
Cette définition du rire vous paraît-elle pouvoir s'appliquer au rire rabelaisien dans *Gargantua* ?

3 L'essai

→ **Pour le Bac, en filières technologiques, l'un des sujets proposés pour l'objet d'étude « la littérature d'idées » consiste à contracter un texte puis à rédiger un essai sur une problématique commune au texte à contracter et à l'œuvre de littérature d'idées que vous avez étudiée.**

L'essai au bac

- L'essai constitue la deuxième partie de l'épreuve écrite pour les séries technologiques (si le candidat n'a pas choisi le commentaire de texte) ; il suit la contraction de texte.
- Contraction et essai sont chacun noté sur 10 points. L'élève dispose de 4 heures pour procéder aux deux exercices.

Objectif de l'épreuve

- L'essai consiste à rédiger une **argumentation personnelle** en s'appuyant sur le texte contenu dans le sujet, sur les textes étudiés dans l'année et sur les connaissances du candidat.
- Le sujet vous invite le plus souvent à **développer un point de vue nuancé** sur une question ou à **prouver la validité d'une thèse** donnée.
- Dans tous les cas, vous devez proposer plusieurs arguments, étayés par des exemples tirés du texte à contracter, des œuvres étudiées en classe ou de votre culture générale (arts, actualité…).

Organiser son essai

- L'**introduction** comporte une phrase d'amorce, la reformulation du sujet et l'annonce des grands mouvements de votre réponse.
- Le **développement** (arguments + exemples) comporte deux à quatre paragraphes.
- La **conclusion** répond à la question posée par le sujet.

Vous pouvez rédiger votre devoir à la **première personne du singulier.**

Quiz

1. **À quel objet d'étude l'essai est-il rattaché ?**
2. **Quel autre exercice le précède obligatoirement ?**
3. **En quoi consiste ce travail d'écriture ?**

Objectif BAC

4 Réussir son essai : méthode pas à pas

SUJET → **Selon vous, qu'est-ce qu'une bonne éducation ?**

A Analyser le sujet

1re ÉTAPE Comprendre le sujet et analyser les mots-clés

• Ce sujet est le plus classique possible, puisqu'il reprend les termes du parcours associé (« La bonne éducation »), en vous demandant de les définir (« qu'est-ce que… ») et de donner votre avis (« selon vous ») sur ce qui fait qu'une éducation est bonne, ou ne l'est pas.

• Cherchez des **synonymes** et des **antonymes** (//) aux mots-clés du sujet. Ces termes vous permettront de rédiger votre introduction et de ne pas répéter trop souvent dans votre devoir la même expression (« bonne éducation »). Ils vous permettront également de trouver des arguments.

bonne : idéale, parfaite, humaniste, bienveillante, complète, utile // mauvaise, violente, punition, châtiments

éducation : apprentissage, connaissances, savoirs, progrès, érudition, sagesse // ignorance, illettrisme, sottise, scolastique

2e ÉTAPE Trouver des arguments et des exemples

• Au brouillon, notez d'**autres questions** que le sujet vous inspire, que vous exploiterez dans votre introduction.

• Notez ensuite tous les **arguments** et les **exemples** qui vous viennent en tête pour répondre à la question

L'épreuve écrite

posée par le sujet, ou aux questions que vous avez vous-même posées.

• **Attention au piège** : la formulation « selon vous » ne doit pas vous empêcher de prendre appui sur des théories et des exemples étudiés durant l'année ! Notez donc également tous les auteurs que vous connaissez qui ont parlé du sujet.

Reformulation et autres questions soulevées par le sujet
Que serait une éducation idéale ?
Quelles seraient ses objectifs ?
Sur quoi s'appuierait-elle pour les atteindre ?
Que sont de bons maîtres ? de bons élèves ?
A quoi sert l'éducation ?
Quelle différence entre instruire et éduquer ?

Arguments / auteurs
- Éducation qui forme aussi bien le corps que l'esprit (Montaigne, Rabelais, Rousseau).
- Elle permet d'apprendre à réfléchir, pas simplement à apprendre par cœur (Montaigne, Rabelais).
- Enfant accompagné avec bienveillance : on éveille sa curiosité sans le contraindre par la punition (Rousseau, Hugo, Montessori, Camus, Pennac).
- Mais l'éducation doit aussi parfois apprendre, dans une certaine mesure, la discipline, qui « consiste à dompter la sauvagerie » (Kant).
- L'éducation doit aider à acquérir une meilleure moralité, du civisme, pour mieux vivre en société (Ferry).

Réponse à la question
→ Une bonne éducation permet donc de gagner en connaissances et en autonomie intellectuelle pour mieux connaître le monde qui nous entoure, d'un point de vue individuel. Mais elle doit également permettre d'apprendre à mieux vivre en société. Elle doit enfin s'exercer sans contrainte, ce qui ne veut pas dire sans discipline.

Objectif BAC

B Rédiger l'essai

3e ÉTAPE Rédiger l'introduction

- L'amorce de votre introduction consiste à annoncer le thème du sujet, soit en définissant certains mots-clés, soit en commençant par un fait d'actualité, soit en utilisant une citation (apprise durant l'année).
- Rédigez toute votre introduction au brouillon avant de la faire au propre, afin de pouvoir la corriger. C'est en effet une étape essentielle, qui déterminera la qualité de l'ensemble de votre devoir.

Dans son premier récit paru en 1532, *Pantagruel*, l'auteur humaniste Rabelais propose, par le biais d'une lettre de *Gargantua* envoyée à son fils, un modèle d'éducation idéale. Il reprend ce thème cher aux humanistes dans son œuvre suivante, Gargantua, en présentant sous les traits de Ponocrates le modèle du bon maître accordant autant d'importance à l'hygiène du corps qu'à celle de l'esprit. Cet intérêt porté à une éducation idéale va perdurer depuis l'humanisme jusqu'à nos jours, différentes théories s'opposant quant aux meilleures façons d'instruire les enfants. Mais qu'est-ce qu'une bonne éducation ? Existe-t-il d'ailleurs une seule éducation idéale, qui conviendrait à tous ? J'avancerai dans un premier temps l'idée selon laquelle une bonne éducation est celle qui forme aussi bien le corps que l'esprit et la réflexion. J'affirmerai ensuite que l'éducation idéale doit, selon moi, suivre les intérêts de l'enfant et ne pas le contraindre à l'apprentissage par la force physique. Enfin, je verrai que la liberté d'apprentissage ne doit pas pour autant évacuer la question de la discipline, qui me paraît essentielle et nous permet d'apprendre à vivre en société.

Amorce

Reformulation et **discussion** du sujet

Annonce du plan

L'épreuve écrite

L'épreuve orale

→ L'oral porte sur un texte choisi par l'examinateur, parmi les textes travaillés en classe et proposés dans le descriptif.

L'épreuve se déroule en 3 temps

1. Un temps de préparation de 30 minutes qui va vous permettre de noter au brouillon votre travail. Vous pouvez garder votre brouillon lors de votre passage devant l'examinateur. L'examinateur vous pose la question de grammaire, en lien avec le texte choisi, *avant* que vous commenciez votre préparation.

2. La première partie de l'oral de 12 minutes (lecture / analyse / grammaire).

3. La deuxième partie de l'oral de 8 minutes (discussion autour de l'œuvre choisie).

La première partie de l'épreuve orale (12 minutes / 12 points)

Cette partie s'organise en 3 étapes :

1. Présentation rapide et lecture du texte en intégralité **(2 points)** ;
2. Analyse linéaire **(8 points)** ;
3. Réponse à la question de grammaire **(2 points)**.

Comment réviser ?

• S'entraîner à **relire** à voix haute tous les textes étudiés en classe, pour ne pas buter sur les mots difficiles et pour faire entendre à l'examinateur que vous avez compris le sens des passages. Attention en particulier à la lecture des vers pour les textes de poésie et de théâtre en vers.

• Réviser les **analyses** faites sur les textes étudiés en lecture analytique en classe ; le choix de l'examinateur portera sur l'un de ces textes, d'une vingtaine de lignes environ (il peut « couper » le passage que vous avez travaillé en classe si celui-ci est plus long). Ne surtout pas faire d'impasse !

• Réviser les **mouvements** et les **notions littéraires**. Faire des fiches pour chacun, sous forme rédigée ou de carte heuristique, de *flash-cards*... À vous de voir ce qui vous convient le mieux !

• Ne pas oublier de revoir les notions de **grammaire** ; l'examinateur posera une question qui sera notée sur 2 points !

La deuxième partie de l'épreuve orale (8 minutes / 8 points)

Cette partie s'organise en 2 étapes :

1. L'élève défend l'œuvre qu'il a choisie au préalable, parmi les lectures cursives ou les œuvres imposées ; ce choix figure au descriptif.
2. L'examinateur interroge l'élève pour évaluer sa réflexion sur l'œuvre choisie. Cette étape doit être un véritable moment d'échange, de discussion.

1 Méthodologie pour lire à voix haute

A Articuler et contrôler son débit

• Il s'agit de ne pas lire trop vite, ni trop doucement et de bien articuler pour rendre la lecture compréhensible. Pour cela, entraînez-vous chez vous à lire **tous** les passages que vous allez présenter à l'oral, en particulier les mots sur lesquels vous risquez de buter. En effet, le texte, même s'il est « traduit » en français moderne, comporte sa part de difficultés et de mots peu usités pour un lecteur d'aujourd'hui. Par ailleurs, Rabelais prend un plaisir manifeste à jouer avec les mots, et le récit est riche en passages dans lesquels le lecteur pourra faire entendre ce plaisir langagier.

● Voici un exemple avec un passage qui comporte à la fois des jeux sur les sonorités avec le polyptote sur le mot cloche et l'allitération en [k], des passages cités de la Bible dont il faut faire entendre la différence d'avec le récit, et des onomatopées.

> « Toute cloche clochable clochant dans le clocher, en clochant fait clocher par le clochatif ceux qui clochent clochablement. Le Parisien a des cloches. Donc : et toc !
>
> « Ha, ha, ha ! C'est parlé, cela ! C'est un syllogisme de troisième main, en *Darii* ou ailleurs. […]
>
> « Pitié, Seigneur, je vous prie, *au nom du Père et du Fils et du Saint-Esprit, Amen*, de nous rendre nos cloches, et Dieu vous protège du mal, et Notre-Dame de Santé, *qui vit et règne pour les siècles des siècles, Amen*. Hem, hasch, ehasch, grrenhenhasch !

B Adapter le ton

● Les adresses du narrateur au lecteur, souvent ironiques, ne seront pas lues de la même manière que les passages de récits. De même, les nombreux passages à tonalité épique (la naissance du géant, les combats contre Picrochole…) seront lus avec plus de vivacité que les passages plus sérieux, relatifs à la description de l'éducation humaniste de Gargantua ou à l'abbaye de Thélème par exemple.

● Voici un passage dans lequel Rabelais laisse entendre tout son mépris pour les « Sorbonnistes », en particulier par le biais des commentaires directement adressés au lecteur. A vous de faire comprendre au jury, par votre lecture, que vous avez perçu la moquerie dans ces mots. Vous pouvez par exemple insister sur certaines expressions et mettre en valeur les adresses au lecteur.

> Pourquoi ne le croiriez-vous pas ? Parce que (dites-vous) ça ne se voit jamais. Et moi je vous dis que, justement pour cela, vous devez y ajouter totalement foi. Car les Sorbonnistes disent que la foi permet de croire les choses qu'on n'a jamais vues.

Objectif BAC

C Faire vivre les dialogues

- Le récit de Rabelais comporte de nombreux dialogues truculents, et les lire à voix haute ne peut que prêter à rire. Il faudra faire vivre de manière enjouée de tels échanges, même s'il ne s'agit bien entendu pas de falsifier sa voix ou de lire de manière exagérément comique.
- Dans ce passage extrait du chapitre 13, il faudra par exemple faire entendre l'admiration dans la voix de Grandgousier qui découvre en son fils un philosophe du « torche-cul ». A l'inverse, on pourra prendre un ton assez docte, sérieux, pour l'énumération dans laquelle Gargantua liste ses différents essais, et il faudra marquer la pause (//) avant la citation que Gargantua fait de lui-même. Enfin, on saura mettre en valeur la paronomase qui clôt l'extrait.

> […] Je me torchai de foin, de paille, d'étoupe, de bourre, de laine, de papier. Mais //
>
> Toujours laisse aux couilles une amorce
> Qui son sale cul de papier torche.
>
> – Quoi ?? dit Grandgousier, mon petit couillon, tu as donc bien bu que tu rimes déjà ?
>
> – Certes oui, mon roi, je rime tant et plus, et en rimant je m'enrhume souvent.

L'épreuve orale

2 L'explication linéaire et la question de grammaire

EXPLICATION LINÉAIRE 1

La naissance de Gargantua, chapitre VI, de « Cet obstacle » à « par l'oreille ».

Cet obstacle fit se relâcher, au-dessus, les cotylédons de la matrice, par où l'enfant jaillit, entra dans la veine cave et, grimpant par le diaphragme jusqu'au-dessus des épaules, où ladite veine se sépare en deux, prit le chemin de gauche et sortit par l'oreille gauche.

Dès qu'il fut né, il ne cria pas comme les autres enfants : « Mi ! mi ! mi ! », mais il clamait à pleine voix : « À boire ! à boire ! à boire ! », comme s'il invitait tout le monde à boire.

Je me doute que vous ne croyez pas vraiment à cette étrange naissance. Si vous n'y croyez pas, je ne m'en soucie pas ; mais un homme de bien, un homme de bon sens, croit toujours ce qu'on lui dit et ce qu'il trouve écrit. Salomon ne dit-il pas, au chapitre 14 des Proverbes : « L'Innocent croit toute parole », etc. ; et saint Paul, dans la Première aux Corinthiens, 13 : « La Charité croit tout » ? Pourquoi ne le croiriez-vous pas ? Parce que (dites-vous) ça ne se voit jamais. Et moi je vous dis que, justement pour cela, vous devez y ajouter totalement foi. Car les Sorbonnistes disent que la foi permet de croire les choses qu'on n'a jamais vues. Est-ce contre notre loi, notre foi, contre la raison, contre la Sainte Écriture ? Pour ma part, je ne trouve rien dans la Sainte Bible qui s'y oppose. Et si la volonté de Dieu était telle, diriez-vous qu'il n'aurait pu le faire ? Ha, de grâce, ne vous emberlificotez pas l'esprit de ces vaines pensées. Car je vous dis qu'à Dieu rien n'est impossible et, s'il le voulait, les femmes auraient dorénavant ainsi leurs enfants par l'oreille.

Objectif BAC

A Présentation du passage et projet de lecture

• Ce passage se situe au chapitre 6, intitulé « Comment Gargantua naquit de bien étrange façon ». En effet, c'est de manière très carnavalesque que naît notre géant éponyme, au beau milieu d'un festin de tripes. Alors que Gargamelle vient de se faire administrer un astringent si puissant que ses sphincters se sont bouchés, le nourrisson doit se frayer un autre chemin pour voir le jour. L'auteur mêle dans ces lignes une tonalité épique et un humour scatologique qui cachent en réalité une réelle érudition, que les lecteurs les plus avisés sauront reconnaître. Les nombreux commentaires que Rabelais adresse à ce lecteur sont d'ailleurs autant une marque de leur complicité que des critiques implicites que l'humaniste formule ici contre la religion.

• **Lecture.**

→ **En quoi cette naissance en apparence burlesque est-elle l'occasion pour l'auteur de formuler une réflexion sur la foi ?**

B Analyse linéaire

→ Premier mouvement

Cet obstacle fit se relâcher, au-dessus, les cotylédons de la matrice, par où l'enfant jaillit, entra dans la veine cave et, grimpant par le diaphragme jusqu'au-dessus des épaules, où ladite veine se sépare en deux, prit le chemin de gauche et sortit par l'oreille gauche.

1re mouvement
Une naissance par l'oreille

• Le récit de la naissance s'appuie sur un champ lexical précis du corps, signe de l'érudition médicale de Rabelais qui met ici ses connaissances au service de l'humour. Le contraste entre le réalisme des termes et l'invraisemblance de la naissance est en effet comique et la précision médicale accentue le caractère absurde de la naissance.

L'épreuve orale

Le chemin de la vie

La mise en scène du choix entre deux voies, l'une menant à la vie, l'autre à la mort, renvoie à la fois à une tradition biblique et mythologique. Le thème biblique des deux chemins – *via vitae* et *via mortis* – se rencontre, entre autres, dans l'évangile de Matthieu (VII 13) où il est mis en lien avec celui de la porte étroite : « Entrez par la porte étroite. Large, en effet, et spacieux est le chemin qui mène à la perdition, et il en est beaucoup qui s'y engagent ; mais étroite est la porte et resserré le chemin qui mène à la Vie, et il en est peu qui le trouvent. »

- Mais le choix de cette naissance ne vise pas simplement à divertir le lecteur ; on y relève en effet des références plus sérieuses qu'il n'y paraît d'abord. Si l'on observe les verbes employés, on remarque ainsi qu'ils traduisent la volonté du jeune géant qui se fraie un chemin dans ce labyrinthe corporel. L'enfant, lorsqu'il arrive à la bifurcation de la « veine cave » de sa mère, peut choisir entre la voie de droite et celle de gauche. L'expression « *prit son chemin* » implique qu'il s'agit d'un choix délibéré : l'enfant déjà doué d'une capacité de raison extraordinaire opte intentionnellement pour le chemin qui mène à la vie, c'est-à-dire à sa propre naissance.
- Cet accouchement extraordinaire rappelle bien entendu également d'autres naissances merveilleuses, comme celle de Bacchus ou de Minerve que Rabelais cite plus loin dans le chapitre, ou celle d'Athéna qui naquit par la tête de Zeus. Une manière pour l'auteur d'inscrire dès sa naissance Gargantua dans la lignée des personnages mythologiques, mi-hommes mi-dieux.

→ Deuxième mouvement

2e mouvement

La naissance d'un demi-dieu

Dès qu'il fut né, il ne cria pas comme les autres enfants : « Mi ! mi ! mi ! », mais il clamait à pleine voix : « À boire ! à boire ! à boire ! », comme s'il invitait tout le monde à boire.

- Le caractère extraordinaire et quasi divin de l'enfant se confirme d'ailleurs lorsqu'il arrive au monde, puisqu'il est capable de parole dès sa naissance. Il se différencie ainsi du commun des mortels, comme le prouve d'ailleurs la comparaison à la négative (en sa faveur) avec les autres enfants. Cette injonction exclamative du bébé qui demande trois fois à boire dès sa naissance peut là encore être comprise selon plusieurs niveaux de lecture. D'une part, on comprend bien entendu que l'enfant, comme tout nourrisson qui vient au monde, demande à téter (la seule différence étant la manière dont il le demande). On peut également y entendre, et c'est ce que précise la suite du texte, une invitation à partager un moment de beuverie commune et festive, ce qui arrivera souvent dans le récit.

• Mais de manière plus symbolique encore, cet appel à boire peut évoquer, au-delà du simple plaisir, une manière d'appréhender le monde que Rabelais nous fait partager avec ses géants. On peut penser déjà à la « soif de connaissances » qui caractérisera le géant autant que les penseurs humanistes.

• Boire enfin, c'est aussi accepter ses besoins humains, c'est accomplir son humanité. On notera ainsi que les derniers mots de Jésus sur la croix, rappelant son humanité en même temps que son attachement à la vie terrestre, furent « J'ai soif ».

→ Troisième mouvement

> Je me doute que vous ne croyez pas vraiment à cette étrange naissance. Si vous n'y croyez pas, je ne m'en soucie pas ; mais un homme de bien, un homme de bon sens, croit toujours ce qu'on lui dit et ce qu'il trouve écrit. **Salomon** ne **dit**-il pas, au chapitre 14 des Proverbes : « L'Innocent croit toute parole », etc. ; et **saint Paul**, dans la Première aux Corinthiens, 13 : « La Charité croit tout » ? Pourquoi ne le croiriez-vous pas ? Parce que (**dites**-vous) ça ne se voit jamais. Et moi je vous **dis** que, justement pour cela, vous devez y ajouter totalement foi. Car les **Sorbonnistes disent** que la foi permet de croire les choses qu'on n'a jamais vues. Est-ce contre notre loi, notre foi, contre la raison, contre la Sainte Écriture ? Pour ma part, je ne trouve rien dans **la Sainte Bible** qui s'y oppose. Et si la volonté de Dieu était telle, **diriez**-vous qu'il n'aurait pu le faire ? Ha, de grâce, **ne vous emberlificotez pas l'esprit** de ces vaines pensées. Car je vous **dis** qu'à Dieu rien n'est impossible et, s'il le voulait, les femmes auraient dorénavant ainsi leurs enfants par l'oreille.

3e mouvement
L'apologie de la crédulité

• Dans la fin du passage, l'auteur, manifestant sa peur qu'ils ne le croient pas, s'adresse directement aux lecteurs par des questions oratoires qui miment un dialogue fictif ; ce dialogue imaginaire est l'occasion d'engager une réflexion critique sur la crédulité imposée par l'Église catholique. On relève ainsi sept occurrences du verbe « croire », dont certains sont à la forme négative lorsqu'ils désignent le lecteur, et à la forme affirmative lorsqu'ils renvoient aux références bibliques, et trois occurrences du terme « foi ». On remarque alors que Rabelais met en valeur l'injonction biblique de croire à tout sans se poser de question, comme le prouvent les nombreux compléments du verbe « croire » à valeur de généralité.

- L'argumentation en faveur de la crédulité (telle que la prône à l'époque la Sorbonne) est implacable autant qu'ironique bien sûr. Rabelais commence par user d'un raisonnement par concession (« Je me doute que... Mais... ») qui trouve sa conclusion dans un raisonnement par l'absurde, l'homme « de bon sens » étant paradoxalement défini, grâce à un présent de vérité générale, comme celui qui ne fait jamais usage de sa raison, puisqu'il « croit toujours ce qu'on lui dit et ce qu'il trouve écrit ».

Il était une foi...

Au Moyen Âge, la foi en la seule religion catholique était obligatoire (on parle d'orthodoxie). La Sorbonne, à l'époque où écrit Rabelais, estimait ainsi que la foi était avant tout une affaire de crédulité : on *devait* croire, parce qu'il en était décidé ainsi. On désigne cette foi irrationnelle par l'expression **foi du charbonnier** (*fides carbonarii* / *fides carbonaria*). Furetière la définit à l'article « Charbonnier » de son *Dictionnaire universel* (1690) : « On dit proverbialement, La foi du Charbonnier, quand on parle d'une foi implicite, qui fait croire à un Chrétien en général tout ce que l'Église croit. Ce qui tire son origine de ce qu'on dit que le Diable tentant un Charbonnier, lui demanda qu'elle était sa croyance. Il répondit, Je crois ce que l'Église croit. Et étant pressé par le même Esprit de lui dire ce que croyait l'Église : il répliqua, Elle croit ce que je crois. Et ayant toujours persévéré dans les mêmes réponses, il rendit le Diable confus. »

Saint Thomas

Selon l'évangile de Jean, le disciple Thomas est absent lorsque le Christ revient sur terre après sa mort, témoignant de sa résurrection en montrant ses stigmates. Thomas ne croit pas ses camarades et exige de voir les plaies du Christ et de pouvoir les toucher pour croire au miracle. Depuis cet épisode, on désigne par l'expression de « saint Thomas » celui qui fait preuve de scepticisme et ne croit pas sans preuve ce qu'on lui dit.

- L'auteur poursuit son argumentation en usant d'autres techniques propres à cet art, en particulier la réfutation, opposant les arguments des lecteurs (« dites-vous ») aux siens (« Et moi je vous dis que... ») pour mieux s'en servir. Encore une fois, c'est l'absurdité de l'argument qui prend le dessus, Rabelais obligeant son lecteur, pour suivre les recommandations de l'Église, à croire ce qu'il ne voit jamais, et ainsi à ne pas agir comme le fit Saint Thomas au temps de Jésus.

• L'appui sur des arguments d'autorité (Salomon, saint Paul, les Sorbonnistes, la sainte Bible) sont mis sur le même plan de certitude que les références mythologiques implicites qui précèdent, ce qui tend à les décrédibiliser. Là encore, l'auteur insiste sur l'obligation de croire ce qui est « dit » ; on relève ainsi la répétition à sept reprises du verbe de parole « dire », qui renvoie à la notion de « Vérité révélée » qui justifie, selon l'Église, de croire tout ce que disent les écritures saintes.

• Notre passage s'achève sur un impératif amical (et ironique !), l'auteur usant du registre courant pour nous appeler à ne pas nous « prendre la tête » (ce pourrait être l'équivalent aujourd'hui de la formule qu'il utilise), nous conseillant la paresse intellectuelle plutôt que de faire usage de notre raison.

• Cette apologie ironique de la crédulité est donc bien à entendre comme un appel à user d'un scepticisme modéré, à ne pas croire tout ce que dit l'Église mais à faire fonctionner sa raison. Cette démarche n'empêche pas la foi, à condition qu'il s'agisse d'une foi sincère et non pas imposée.

C Question de grammaire

Donnez la nature (classe) et la fonction de l'expression « par où l'enfant jaillit ».

> Cet obstacle fit se relâcher, au-dessus, les cotylédons de la matrice, par où l'enfant jaillit […]

Il s'agit d'une proposition subordonnée relative, complément de l'antécédent « matrice ».

Le pronom relatif « où » est précédé de la préposition « par » en raison du verbe « jaillir », qui l'appelle : on dit « jaillir par… ».

EXPLICATION LINÉAIRE 2

Le discours d'Eudémon, chapitre 15, de « Alors Eudémon » à « en ce temps-ci ».

Alors Eudémon, après avoir demandé la permission au vice-roi son maître, bien droit sur ses jambes, le bonnet à la main, le visage avenant, la bouche vermeille, les yeux assurés et le regard posé sur Gargantua avec une modestie juvénile, commença à le louer et le glorifier : d'abord pour sa vertu et ses bonnes mœurs, puis pour son savoir, troisièmement pour sa noblesse, quatrièmement pour sa beauté physique ; cinquièmement il l'exhortait doucement à vénérer son père en toute obéissance, lui qui prenait tellement soin de le faire bien instruire ; et enfin il le priait de bien vouloir le tenir pour le plus humble de ses serviteurs. Car il ne demandait pour l'heure rien d'autre au ciel que la grâce de lui être agréable par ses services.

Et le tout fut dit avec des gestes si bien appropriés, d'une expression si claire, d'une voix si éloquente et d'un langage si bien orné et de si bon latin qu'on eût dit plutôt un Gracchus, un Cicéron ou un Emilius du temps jadis qu'un jouvenceau de notre siècle.

Mais pour toute réponse, Gargantua se mit à pleurer comme une vache en se cachant le visage de son bonnet. Et on ne put pas plus lui tirer un mot qu'un pet d'un âne mort.

Son père s'en irrita si fort qu'il voulait occire Maître Jobelin. Des Marais l'en dissuada par de beaux arguments, de sorte qu'il s'apaisa. Il ordonna qu'on payât ses gages au précepteur, qu'on le fît bien biberonner théologalement et qu'après il allât à tous les diables.

« Au moins, disait-il, pour aujourd'hui il ne coûtera guère à son hôte, si d'aventure il meurt ainsi, saoul comme un Anglais. »

Maître Jobelin parti, Grandgousier se concerta avec le vice-roi sur le choix du précepteur qu'on pourrait donner à Gargantua ; ils décidèrent que cet office serait confié à Ponocrates, professeur d'Eudémon, et que tous ensemble iraient à Paris, pour saisir quel était l'enseignement des jeunes gens de France en ce temps-ci.

A Présentation du passage et projet de lecture

• Eudémon est un jeune garçon que rencontrent Grandgousier et Gargantua au chapitre 15, dans la partie du récit consacrée à l'éducation du géant. Il vient faire un discours au roi à la demande de ce dernier, dépité par le faible niveau d'éducation que son fils semble recevoir auprès de ses premiers précepteurs. Juste avant que ne débute notre passage, le vice-roi de Papeligosse, Don Philippe des Marais, a formulé une critique pour le moins explicite de l'enseignement sophiste prodigué au jeune géant, éducation qui ne s'adresse qu'à la mémoire sans développer aucun esprit critique chez Gargantua. Eudémon, élève de Ponocrates, incarne au contraire l'idéal humaniste de la « parole élégante ».

• **Lecture.**

→ **En quoi Eudémon incarne-t-il pour Gargantua un modèle à suivre en matière d'éducation ?**

B Analyse linéaire

→ Premier mouvement

1re mouvement

Une rhétorique bien en place

Alors **Eudémon**, après avoir demandé la permission au vice-roi son maître, bien droit sur ses jambes, le bonnet à la main, le visage avenant, la bouche vermeille, les yeux assurés et le regard posé sur Gargantua avec une modestie juvénile, commença à le louer et le glorifier : d'abord pour **sa vertu et ses bonnes mœurs**, puis pour son **savoir**, troisièmement pour sa **noblesse**, quatrièmement pour sa **beauté physique** ; cinquièmement il l'exhortait doucement à vénérer son père en toute obéissance, lui qui prenait tellement soin de le faire bien **instruire** ; et enfin il le priait de bien vouloir le tenir pour le plus humble de ses serviteurs. Car il ne demandait pour l'heure rien d'autre au ciel que la grâce de lui être agréable par ses services.

Et le tout fut dit avec des gestes **si bien appropriés**, d'une expression **si claire**, d'une voix **si éloquente** et d'un langage **si bien orné** et de **si bon latin** qu'on eût dit plutôt un Gracchus, un Cicéron ou un Emilius du temps jadis qu'un jouvenceau de notre siècle.

L'épreuve orale

- Le nom d'**Eudémon** engage d'emblée le lecteur vers une interprétation positive de ce personnage ; l'étymologie renvoie en effet au grec *eudaímôn* qui signifie « bon démon, bon esprit ». Eudémon, c'est celui qui a l'esprit heureux. En astrologie, science que maîtrisait Rabelais, l'eudémon renvoie par ailleurs à la quatrième maison dans la figure du ciel ; elle marque les succès et la prospérité à venir. En ce sens, le jeune garçon apparaît donc comme un bon présage dans le parcours du jeune géant.

- L'auteur en dresse d'abord un portrait physique très positif à l'aide de nombreuses expansions nominales mélioratives ; on comprend ici qu'au contraire des sophistes qui, sous l'influence de la conception chrétienne de la suprématie de l'âme sur le corps, négligent l'importance de la tenue et de l'hygiène des élèves, les humanistes eux, leur accordent au contraire une grande attention. On se souvient aussi que Rabelais est médecin et qu'il connaît l'importance d'avoir un corps sain pour être en bonnes conditions pour se cultiver.

Mens sana in corpore sano

Cette citation, que l'on traduit généralement par « un esprit sain dans un corps sain », est extraite de la Dixième des seize *Satires* du poète romain Juvénal (90-127). Pour Juvénal, elle exprime le seul souhait que l'homme peut demander aux dieux. De nos jours, on l'entend davantage comme une injonction à entretenir notre corps tout autant que notre esprit. La marque sportive *Asics* a repris cette maxime, en changeant le terme *mens* par *anima* qui a le sens de « âme », rendant plus facilement prononçable l'acronyme ***Anima Sana In Corpore Sano***.

- La description physique est soutenue par le caractère humble d'Eudémon, qui agit en parfait honnête homme, comme le prouvent les différentes expressions renvoyant à son attitude et au contenu même de son discours. L'oxymore « exhortait doucement » ainsi que le superlatif « le plus humble de ses serviteurs » mettent particulièrement en valeur cette attitude modeste.

- Dès qu'il commence sa prestation, relatée au discours narrativisé, le jeune garçon fait cependant preuve d'une grande aisance de la parole mise en valeur par la construction rigoureuse de son discours et par une grande agilité dans les gestes. Ainsi, le découpage en cinq parties relevé par le narrateur grâce aux connecteurs temporels explicites renvoie aux règles de construction du discours selon les orateurs antiques, telles que Cicéron a pu les définir dans son traité sur l'éloquence : *inventio* (trouver ses arguments), *dispositio* (les organiser), *elocutio* (les rédiger avec style), *memorio* (les apprendre par cœur) et *actio* (savoir les prononcer avec aisance). L'énumération du deuxième paragraphe, qui insiste sur la qualité de la prestation grâce à la **répétition de l'adverbe d'intensité « si + adjectif »** et qui est accompagnée d'exemples à valeur d'arguments d'autorité, prouve qu'Eudémon n'a pas à rougir des maîtres latins qui l'ont précédé.

- Enfin, on observe que le discours d'Eudémon révèle les différents domaines des **futurs enseignements** dont bénéficiera Gargantua et qui permettent de former un homme selon la pensée humaniste : la morale, le savoir, la noblesse, la santé du corps.
- On peut cependant être surpris par le formalisme de cet éloge adressé à Gargantua, qui *a priori* ne correspond pas encore au portrait qu'en brosse Eudémon dans son discours. Et sans doute le jeune page apparaît-il déjà comme un modèle particulier d'éducation : il faut voir en lui l'image anticipée de l'honnête homme de cour qui marquera le XVIIe siècle, toujours maître de sa contenance, de sa parole et de ses gestes.

Les règles d'un bon discours

En plus des règles présidant à la construction d'un bon discours, Cicéron a également défini les devoirs d'un bon orateur : il doit plaire, instruire et toucher celui qui l'écoute. Les orateurs antiques (Quintilien, Aristote) ont également imposé les étapes obligatoires d'un discours efficace : l'exorde, la narration, l'argumentation, la réfutation, la péroraison.

→ Deuxième mouvement

2e mouvement
La honte du géant

> Mais pour toute réponse, Gargantua se mit à pleurer comme une vache en se cachant le visage de son bonnet. Et on ne put pas plus lui tirer un mot qu'un pet d'un âne mort.
>
> Son père s'en irrita si fort qu'il voulait occire Maître Jobelin. Des Marais l'en dissuada par de beaux arguments, de sorte qu'il s'apaisa. Il ordonna qu'on payât ses gages au précepteur, qu'on le fît bien biberonner **théologalement** et qu'après il allât à tous les diables.
>
> « Au moins, disait-il, pour aujourd'hui il ne coûtera guère à son hôte, si d'aventure il meurt ainsi, saoul comme un Anglais. »

L'épreuve orale

Les néologismes

Le mot néologisme vient du grec *néos*, « nouveau », et *lógos*, « parole ». La néologie consiste à créer de nouveaux mots appelés « néologismes », en s'appuyant sur des constructions existant en linguistique. Elle permet d'enrichir la langue pour pouvoir formuler de nouvelles idées ou parler de nouveaux objets. Rabelais use souvent de ce procédé dans ses récits, comme ici avec le terme « sophisticquement », formé à partir du substantif « sophistique » (qui renvoie à l'art des sophistes) auquel il ajoute le suffixe « -ment » permettant de former des adverbes. On considère que l'auteur inventa près de **800 mots** et expressions qui restèrent dans la langue française (« automate », « haltères »...) !

- Gargantua se retrouve totalement interdit face à cette prestation de qualité et, conscient de son inculture, il n'a d'autre solution que de se mettre à pleurer de honte. Les comparaisons avec des animaux de peu de prestige (la vache et un âne mort) accentuent encore l'attitude désastreuse du géant, dont les capacités ont été gâchées par son éducation sophiste. À cet égard, le rapport des deux jeunes gens avec leur bonnet est révélateur : alors qu'Eudémon le tenait proprement « à la main », Gargantua se mouche littéralement dedans comme semble le révéler l'euphémisme « se cachant le visage de son bonnet ».
- Le jeune géant apparaît donc comme anéanti par son éducation, tant sur le plan moral qu'intellectuel, ce qui explique la fureur de Grandgousier qui veut se venger en tuant Maître Jobelin. L'exagération exprimée dans les deux propositions (la principale et la subordonnée de conséquence) dans l'attitude du Roi prête à rire et s'oppose au calme du vice-roi. Là encore, c'est grâce à des paroles bien choisies que Des Marais réussit à convaincre Grandgousier de n'en rien faire.
- Le narrateur n'oublie donc jamais d'amuser son lecteur, ce que confirme la suite du passage : l'énumération en gradation des trois propositions au subjonctif est particulièrement comique ; on rit surtout à la proposition centrale qui met en lien le verbe « biberonner » (l'expression d'origine est « chopiner sophisticquement », qui renvoie davantage à la chope de bière et critique plus explicitement la formation des sophistes), ridiculisant le précepteur, et le **néologisme** « théologalement » qui forme un contraste comique avec l'image du biberon.
- Le passage au discours direct, qui ajoute de la vivacité au récit, prouve cependant que Grandgousier garde une grande colère et que s'il se déresponsabilise en quelque sorte de la mort du précepteur, il continue à la souhaiter.

→ Troisième mouvement

3e mouvement

Le choix de la bonne éducation

> Maître Jobelin parti, Grandgousier se concerta avec le vice-roi sur le choix du précepteur qu'on pourrait donner à Gargantua ; ils décidèrent que cet office serait confié à Ponocrates, professeur d'Eudémon, et que tous ensemble iraient à Paris, pour saisir quel était l'enseignement des jeunes gens de France en ce temps-ci.

- Après une ellipse temporelle, Grandgousier fait preuve à son tour d'humilité, puisqu'il demande conseil au vice-roi. La décision de choisir Ponocrates apparaît alors comme une décision commune, ce qui tend à mettre en valeur pour l'auteur l'importance que les choix politiques ne dépendent pas que d'un seul homme.
- C'est donc à Ponocrates qu'incombera de prendre en charge la nouvelle éducation de Gargantua. Là encore, le nom du précepteur annonce le programme à venir, puisqu'il signifie « dur à la fatigue ».
- Ainsi, si le rôle d'Eudémon paraît peu essentiel en raison de sa faible occupation dans le récit, sa présence a pourtant des conséquences essentielles. Car son discours, parfait modèle de rhétorique, convainc Grandgousier de confier son fils à un meilleur professeur. L'intervention d'Eudémon relance donc l'action, jusqu'à présent figée par l'éducation rétrograde des théologiens, et permet d'introduire Gargantua sur le chemin de la bonne éducation. Eudémon représente donc en quelque sorte le futur Gargantua, sorte d'archétype du bon prince humaniste.

C Question de grammaire

Transformez ces deux propositions indépendantes coordonnées en deux propositions liées l'une à l'autre et commentez vos transformations.

> « […] il le priait de bien vouloir le tenir pour le plus humble de ses serviteurs. Car il ne demandait pour l'heure rien d'autre au ciel que la grâce de lui être agréable par ses services. »

La première proposition indépendante devient la principale, et est suivie d'une proposition subordonnée conjonctive de cause que l'on peut par exemple introduire par « puisque » qui remplace la conjonction de coordination « car ». On peut supprimer la virgule entre les deux propositions.

> « […] il le priait de bien vouloir le tenir pour le plus humble de ses serviteurs <u>puisqu'il</u> ne demandait pour l'heure rien d'autre au ciel que la grâce de lui être agréable par ses services.

EXPLICATION LINÉAIRE 3

Le bon prince, chapitre 45, de « Alors qu'il parlait » à « pour vivre ».

Alors qu'il parlait, le Moine entra d'un pas décidé et leur demanda :

« D'où êtes-vous, vous autres, mes pauvres ?

– De Saint-Genou, dirent-ils.

– Et comment, dit le Moine, se porte l'abbé Tranchelion, le bon buveur ? Et les Moines, quelle chère font-ils ? Cordieu ! ils baisottent vos femmes, pendant que vous êtes en pèlerinage !

– Hin, hen ! dit Lasdaller, je n'ai pas peur pour la mienne car celui qui la verra de jour ne se rompra pas le cou pour aller lui rendre visite la nuit.

– Voilà qui est bien mal joué ! dit le Moine. Elle pourrait être aussi laide que Proserpine, elle aura, par Dieu, la grande secousse puisqu'il y a des Moines alentour, car un bon ouvrier met indifféremment toutes les pièces en œuvre. Que j'attrape la vérole si vous ne les trouvez pas engrossées à votre retour. Car rien que l'ombre du clocher d'une abbaye est féconde.

– C'est, dit Gargantua, comme l'eau du Nil en Égypte, si vous en croyez Strabon ; et Pline, au livre VII, chapitre III, estime que c'est de la miche, des habits et des corps. »

Alors Grandgousier dit :

« Allez-vous-en, pauvres gens, au nom de Dieu le créateur, qu'il vous ait à jamais en sa garde. Et dorénavant ne vous laissez pas aller à ces voyages oiseux et inutiles. Entretenez vos familles, travaillez chacun à votre métier, instruisez vos enfants, et vivez comme vous l'enseigne le bon apôtre saint Paul. Ainsi, vous aurez la protection de Dieu, des anges et des saints avec vous, et il n'y aura ni peste ni maladie qui vous fasse du mal. »

Puis Gargantua les mena se restaurer dans la salle ; mais les pèlerins ne faisaient que soupirer, et ils dirent à Gargantua :

« Heureux le pays qui a pour souverain un tel homme ! Nous sommes plus édifiés et instruits par les propos qu'il nous a tenus que par tous les sermons qu'on nous a prêchés dans notre ville.

– C'est, dit Gargantua, ce que dit Platon, au livre V de la *République* : que les États seraient heureux lorsque les rois philosopheraient ou que les philosophes régneraient. »

Puis il fit remplir leurs besaces de vivres et leurs bouteilles de vin, et donna à chacun un cheval pour se soulager durant le reste de la route, et quelques carolus pour vivre.

A Présentation du passage et projet de lecture

- Ce passage intervient après que des pèlerins sauvés des mains de Picrochole sont amenés par Frère Jean à Grandgousier, qui les réconforte. Mais ces pèlerins reviennent en réalité de là où ils étaient partis, car ce sont les mêmes qui ont failli être dévorés par Gargantua au chapitre 38 (ils croyaient être considérés par Gargantua comme des espions et se sont tus au risque d'être mangés en salade). Ils étaient six pour subir les diverses épreuves mais ne sont plus que cinq pour recevoir l'enseignement de Grandgousier. Les deux tonalités, comique et sérieuse, se côtoient dans ces quelques lignes qui sont l'occasion de se moquer des pèlerins tout en donnant la définition d'un prince humaniste, défenseur de la paix et éclairé des lumières de la connaissance. D'un prince pacifiste, comme le fut François Ier qui s'opposa au belliqueux Charles Quint.
- **Lecture.**

  → **Comment l'attitude des pèlerins dans ce passage permet-elle de moquer la religion tout en faisant l'éloge du bon prince ?**

B Analyse linéaire

Premier mouvement

1re mouvement

Les propos de Frère Jean sur les pèlerins

Alors qu'il parlait, le Moine entra d'un pas décidé et leur demanda :

« D'où êtes-vous, vous autres, mes pauvres ?

– De Saint-Genou, dirent-ils.

– Et comment, dit le Moine, se porte l'abbé Tranchelion, le bon buveur ? Et les Moines, quelle chère font-ils ? Cordieu ! ils baisottent vos femmes, **pendant que** vous êtes en pèlerinage !

– Hin, hen ! dit Lasdaller, je n'ai pas peur pour la mienne car celui qui la verra de jour ne se rompra pas le cou pour aller lui rendre visite la nuit.

– Voilà qui est bien mal joué ! dit le Moine. Elle pourrait être aussi laide que Proserpine, elle aura, par Dieu, la grande secousse puisqu'il y a des Moines alentour, car un bon ouvrier met indifféremment toutes les pièces en œuvre. Que j'attrape la vérole si vous ne les trouvez pas engrossées à votre retour. Car rien que l'ombre du clocher d'une abbaye est féconde.

– C'est, dit Gargantua, **comme l'eau du Nil en Égypte**, si vous en croyez **Strabon** ; et **Pline**, au livre VII, chapitre III, estime que c'est de la miche, des habits et des corps. »

- L'arrivée du moine coupe le discours que tenait Grandgousier sur l'inutilité des pèlerinages. S'engage alors un dialogue amusant dans lequel le moine interroge les pèlerins avant de se moquer à l'aide d'exclamatives de leur naïveté. On peut noter que les pèlerins proviennent de Saint-Genou, sorte de clin d'œil au début du récit puisque la sage-femme qui aide Gargamelle à mettre son fils au monde venait elle aussi de Saint-Genou. Le nom du lieu peut d'ailleurs prêter à sourire par l'opposition qu'il formule entre l'évocation d'un saint et la partie du corps auquel il est associé (même si la ville existe vraiment dans la région de l'Indre !). On a également appris juste avant par les propos de Grandgousier que le véritable saint Genou a pu être accusé de déclarer la goutte auprès de ses fidèles. Or, la goutte est une maladie provoquée par un excès de bonne chère, ce qui permet de faire le lien avec la réponse de Frère Jean.

Pèlerinage

Les pèlerinages sont des voyages individuels ou collectifs effectués dans un lieu saint, à des fins religieuses et dans un esprit de dévotion.
La pratique du pèlerinage est très répandue au Moyen Âge, qu'il s'agisse d'une visite à un petit sanctuaire local ou régional, réputé pour ses reliques, ou de l'un des grands pèlerinages de la chrétienté comme Rome, Saint-Jacques-de-Compostelle ou Jérusalem, que l'on n'entreprend en général qu'une fois dans sa vie.

● Les propos de Frère Jean décrivent en effet les moines comme de bons vivants, intéressés par le vin, la bonne chère et les plaisirs charnels. On relève ainsi différentes expressions qui renvoient à ce mode de vie hédoniste, qui paraît en désaccord avec les vœux prononcés par les moines. L'invocation à Dieu dans l'expression métaphorique « elle aura, par Dieu, la grande secousse », qui désigne l'acte sexuel, est presque sacrilège, d'autant qu'elle provient d'un religieux.

● Ces propos du moine mettent ainsi en valeur la grande naïveté des pèlerins qui partent en pèlerinage, laissant leur femme aux mains des représentants de celui que les fidèles vont paradoxalement prier. Les deux propositions « ils baisottent vos femmes, pendant que vous êtes en pèlerinage ! » permettent, par le **rapport de simultanéité initié par la conjonction de subordination « pendant que »** et les deux présents d'énonciation, d'insister sur ce point.

● La dernière hyperbole utilisée par Frère Jean provoque le rire par son aspect là encore blasphématoire et excessif. Gargantua rebondit d'ailleurs sur cette dernière image en proposant sa propre **comparaison** avec l'eau du Nil, qui fait référence au fait que selon Strabon (géographe grec de l'Antiquité) et Pline (écrivain romain), l'eau du Nil rendait les femmes fertiles, les quadruplés n'étant pas rare en cette région durant l'Antiquité. L'appel à **deux figures d'autorité provenant de l'Antiquité** inscrit la réponse du géant dans les références humanistes et tend à donner de la crédibilité aux propos du moine.

Hédonisme vs. Épicurisme

On a tendance à confondre hédonisme et épicurisme. L'**hédonisme** est une doctrine philosophique remontant à Aristippe de Cyrène qui fait de la recherche du plaisir la quête principale. L'**épicurisme** désigne un courant de la philosophie occidentale ayant pour objectif principal l'atteinte du bonheur par la satisfaction des seuls désirs « naturels et nécessaires » (boire, manger, dormir… mais toujours sans excès). Cette philosophie est donc beaucoup plus modérée que ce qu'on lui fait dire aujourd'hui !

→ Deuxième mouvement

2e mouvement

Les propos de Grandgousier

Alors Grandgousier dit :

« Allez-vous-en, pauvres gens, au nom de Dieu le créateur, qu'il vous ait à jamais en sa garde. Et dorénavant ne vous laissez pas aller à ces voyages oiseux et inutiles. Entretenez vos familles, travaillez chacun à votre métier, instruisez vos enfants, et vivez comme vous l'enseigne le bon apôtre saint Paul. Ainsi, vous aurez la protection de Dieu, des anges et des saints avec vous, et il n'y aura ni peste ni maladie qui vous fasse du mal. »

• Grandgousier reprend alors la parole pour formuler des conseils pleins de sagesse, sur le mode impératif. L'invocation à Dieu reprend ici une valeur plus sérieuse et s'oppose à celle formulée par Frère Jean précédemment. Dieu apparaît comme le protecteur des hommes, qui doivent le prier mais loin de toute superstition. Les pèlerinages sont en effet désignés par la périphrase péjorative « ces voyages oiseux et inutiles ». Réagissant implicitement aux moqueries de Frère Jean, Grandgousier enjoint les croyants à suivre les conseils de saint Paul de choisir une vie simple et studieuse. On relève ainsi les termes « familles » et « enfants » ainsi que « travaillez » et « métier », qui mettent en valeur l'importance de ces principes.

• Le ton de Grandgousier est donc solennel, proche des prêches entendus durant les services religieux. Il apparaît ainsi comme un guide spirituel autant que politique, incarnant la figure du despote éclairé, tel que le représente François Ier à l'époque, qui sera chère aux humanistes et aux philosophes des Lumières deux siècles plus tard.

→ Troisième mouvement

3e mouvement

La définition du bon prince

Puis Gargantua les mena se restaurer dans la salle ; mais les pèlerins ne faisaient que soupirer, et ils dirent à Gargantua :

« Heureux le pays qui a pour souverain un tel homme ! Nous sommes plus édifiés et instruits par les propos qu'il nous a tenus que par tous les sermons qu'on nous a prêchés dans notre ville.

– C'est, dit Gargantua, ce que dit **Platon**, au livre V de la *République* : que les États seraient heureux lorsque les rois philosopheraient ou que les philosophes régneraient. »

Puis il fit remplir leurs besaces de vivres et leurs bouteilles de vin, et donna à chacun un cheval pour se soulager durant le reste de la route, et quelques carolus pour vivre.

• Après ce discours, les pèlerins font d'eux-mêmes le parallèle entre les sermons des prêtres, qui les induisent en erreur, et celui de Grandgousier qui les élève. Leur parole est prononcée comme d'une seule voix, et commence par cette exclamative « Heureux le pays qui… », renvoyant aux élégies latines. Le comparatif de supériorité présent dans le parallélisme de la deuxième phrase met en valeur la supériorité des paroles de Grandgousier sur celles des prêtres.

- Gargantua, toujours très calme, reprend alors la parole très exactement de la même manière qu'après les propos de Frère Jean (« C'est, dit Gargantua… ») pour là encore proposer un **argument d'autorité** tiré des Anciens. Ainsi, sa parole semble s'effacer derrière celle des grands penseurs de l'Antiquité, le géant ayant gagné en humilité et en sagesse dans ses propos. Cette modestie et cette manière de citer les penseurs de l'Antiquité rappellent bien entendu le premier discours d'Eudémon (voir chap. 15 et lecture linéaire 2), ce qui tend à prouver que l'éducation de Ponocrates a bien atteint son but chez le géant.
- La citation de Platon, véridique, renvoie au philosophe roi, figure du dirigeant idéal de Callipolis, la cité idéale imaginée par Platon dans le livre V de *La République*. Pour Platon, le philosophe ne désirant pas le pouvoir pour lui-même, son désintéressement lui permettrait d'en faire un bon usage.
- Le passage s'achève sur l'attitude bienveillante de Gargantua, qui donne aux pèlerins de quoi rentrer chez avec suffisamment de victuailles, d'argent et de bêtes pour pouvoir se reposer de leur longue marche. La polysyndète met en valeur le caractère généreux de ces actes.
- Les paroles mêlées de Frère Jean, Gargantua et Grandgousier permettent donc de révéler l'enjeu comique, en même temps que critique et sage de ce passage.

Citation à retenir

« Il faudrait pour le bonheur des États que les philosophes fussent rois ou que les rois fussent philosophes. »

Platon, *La République*, V.

C Question de grammaire

Transformez cette question directe en interrogative indirecte et expliquez les transformations opérées.

« Et les Moines, quelle chère font-ils ? »

Pour passer de la question directe à la question indirecte, il faut insérer un verbe de parole et procéder à la concordance des temps, le présent devenant un imparfait. Par ailleurs le point d'interrogation, marque de la question directe, est remplacé par un point. On voit enfin que ce passage au discours indirect oblige à supprimer la mise en emphase de la question directe qui permettait d'insister sur le groupe nominal « les moines », repris en fin de question par le pronom « ils ».

Frère Jean demanda quelle chère les moines faisaient.

3 L'entretien avec l'examinateur

A Conseils pour présenter une œuvre

Vous avez le choix de l'œuvre que vous présenterez le jour de l'oral. Il faut donc bien préparer cette présentation, pour ne pas simplement résumer le livre (ce n'est pas ce que l'on vous demande !).

Voici une liste de rubriques que vous pouvez compléter pour préparer votre présentation.

- **Contexte général** : qui est l'auteur / à quelle époque a-t-il vécu / quels mouvements politiques, littéraires et intellectuels dominants ont marqué sa vie et sa production ?
- **L'œuvre dans son contexte** : dans quelles conditions l'œuvre a-t-elle été créée / comment a-t-elle été reçue lors de sa publication (polémiques, censure, accueil favorable…) / à quel genre ou sous-genre littéraire appartient-elle ?
- **L'œuvre en elle-même** : quels sont les thèmes principaux / les personnages essentiels / les enjeux de l'œuvre / son actualité ?
- **Votre lecture de l'œuvre** : quelles activités d'appropriation avez-vous faites autour de l'œuvre / quels sont les passages ou les personnages qui vous ont le plus marqué.e, et pour quelles raisons / pourquoi et comment conseilleriez-vous à un.e ami.e de lire cette œuvre ?

B Conseils pour exprimer et justifier un point de vue

→ Utiliser les verbes d'opinion

Vous devez nuancer votre propos, en utilisant des **modalisateurs** et des verbes **d'opinion**. Voici une liste non exhaustive des verbes que vous pouvez utiliser.

Je pense que…
Je crois que…
J'estime que…
Je trouve que…

J'imagine que…
Je suppose que…
Je me doute que…
Il me semble que…
Il m'apparaît que…
À mon avis…
D'après moi…
Selon moi…
J'ai le sentiment que…
J'ai l'impression que…

→ Exprimer des émotions

Pour partager votre avis sur la lecture de la pièce, vous allez devoir expliquer pourquoi certains passages, personnages ou des enjeux du texte vous ont touché.e. Vous pouvez utiliser différentes expressions, tout en justifiant toujours votre émotion :

J'ai été touché.e par le personnage de Gargantua lorsqu'il pleure face à Eudémon parce que…

Le moment où Gargantua a accès à une vraie éducation m'a particulièrement intéressé.e pour les raisons suivantes…

Les enjeux contemporains de l'œuvre, qui évoque les ravages causés par la guerre, même si c'est sur le ton de la plaisanterie apparente, m'ont permis de réfléchir à…

La figure du mauvais roi incarné par Picrochole m'a amusé.e mais aussi enervé.e car il m'a fait penser à tel dirigeant actuel, pour les raisons suivantes…

→ Justifier ses choix

Vous devez toujours expliquer les raisons de votre choix, qu'il s'agisse du choix de l'œuvre ou de celui d'un passage ou d'un personnage marquant. Vous ne pouvez pas vous contenter de simplement dire « J'ai aimé ceci » ou « Je n'ai pas aimé cela », vous devez expliquer pourquoi vous avez aimé ou pas tel personnage, tel moment de l'œuvre.

C Exemples de questions et éléments de réponses possibles

1. Qu'avez-vous compris de ce qu'était la « substantifique moelle » du récit de Rabelais ? Comment la définiriez-vous ?

On attend de vous que vous puissiez mettre cette expression dans son contexte, et rappeler qu'elle est extraite du prologue tout en l'inscrivant dans sa modernité.

L'expression mise à la mode par Rabelais est en effet aujourd'hui rentrée dans le langage courant. Extraire « la substantifique moelle » de quelque chose, c'est en retenir ce qu'il y a de meilleur, de plus précieux ou de plus profond, tout comme la moelle osseuse qui est invisible mais indispensable, et l'un des mets considérés comme particulièrement fin par les plus gourmands. Par extension, la substantifique moelle désigne la quintessence (un autre mot dont l'usage a été élargi par Rabelais !) des choses, ce qu'elles ont de meilleur.

La substantifique moelle dans le prologue de *Gargantua* est une métaphore qui désigne ainsi ce que le lecteur actif doit extraire ou comprendre de ce qu'il lit, ce qu'il peut découvrir entre les lignes, le sens parfois caché du texte. Ce qu'il doit comprendre au-delà du rire et de l'aspect romanesque des aventures du jeune géant : l'importance accordée à l'éducation, le discours pacifique, la critique des superstitions religieuses, etc.

2. Avez-vous ri à la lecture de l'œuvre et, le cas échéant, qu'est-ce qui vous a fait le plus rire dans le récit ? Y a-t-il des scènes en particulier ou des personnages qui vous ont amusé.e ?

On peut imaginer que les aspects scabreux et scatologiques du récit puissent faire rire de nombreux lecteurs ; il ne faudra pas hésiter ou avoir honte de les nommer face à l'examinateur ! Vous pouvez par exemple parler de la scène au cours de laquelle Rabelais noie les Parisiens en leur urinant dessus, qui reste assez « *soft* » par rapport à d'autres scènes franchement plus scatologiques ou sexuelles (par exemple quand les nourrices s'extasient devant la braguette du géant enfant...).

Rabelais joue également énormément avec les mots tout au long de l'œuvre. Essayez si vous choisissez cette œuvre d'avoir en tête quelques jeux de mots ou autres calembours qui vous ont particulièrement fait rire durant votre lecture. Par exemple les noms propres de certains personnages (Jobelin Bridé, Merdaille...), les latinisations loufoques (« *Omnis clocha clochabilis, in clocherio clochando, clochans clochativo*... »), le détournement du vocabulaire religieux (« le service divin / le service du vin »), etc.

Le gigantisme et toutes les exagérations auxquelles il prête le flanc sont également autant d'occasions de rire.

Le personnage le plus drôle est peut-être Frère Jean des Entommeures, antimoine gaillard et belliqueux. Toutes les scènes de combat dans lesquelles il se bat à l'aide de ses poings ou de sa croix de bois pour défendre ses vignes autant que ses amis sont souvent très drôles.

3. Au terme de cette lecture, comment définiriez-vous une bonne éducation ?

La bonne éducation est bien entendu celle donnée par Ponocrates. Vous pouvez, face à cette question, rappeler qu'elle s'oppose à l'éducation sophiste d'abord enseignée au géant, et qui le laisse plus démuni qu'un « âne mort » face à Eudémon (voir chap. 15 et lecture linéaire 2). Vous pourrez ensuite revenir sur le programme exceptionnel que Ponocrates met en place pour le géant, et qui ne lui laisse que peu de temps de libre. Mais si l'on rapporte à des proportions plus humaines ce programme d'études, on comprend qu'il met en valeur l'importance d'éveiller la curiosité de l'enfant, de lui enseigner le plus de sciences possibles grâce à une étude au plus près de la nature. L'auteur insiste également sur la bonne hygiène physique. Le « par cœur » n'est pas proscrit, mais il sert l'apprentissage raisonné et permet ensuite à Gargantua de s'appuyer sur des arguments d'autorité et de faire preuve d'humilité face aux situations de la vie (voir le chap. 45 et la lecture linéaire 3).

Lexique

Agélaste : terme inventé par Rabelais. Du grec « a » privatif et « gelos » qui signifie *rire*. Se dit de celui qui ne rit pas ou qui n'a pas le sens de l'humour.

Burlesque : comique extravagant, exagéré, presque ridicule, qui traite dans un style bas un sujet noble.

Calembours : jeux de mots fondés sur la différence de sens entre des mots qui se prononcent de la même manière (« Je trouve beau ce », chap. 16, pour « Beauce »).

Contrepèterie : inversion de l'ordre des syllabes, des lettres ou des mots, qui produit de nouvelles phrases de sens burlesque. « Il disait qu'il n'y avait qu'une contrepèterie (antistrophe) entre **"femme folle à la messe" et "femme molle à la fesse"** ». (*Pantagruel*).

Énumération : figure de style qui consiste à juxtaposer des termes, généralement de même nature grammaticale.

Évangélisme : courant religieux qui prône le retour à une lecture plus fidèle des Évangiles ; les Évangiles sont l'ensemble des écrits dans lesquels sont consignés la vie et le message de Jésus Christ.

Humanisme : mouvement intellectuel de savants, philosophes, écrivains, à partir du XVIe siècle en Europe, qui place l'homme et ses valeurs au-dessus de toutes les autres valeurs, et qui retourne aux textes de l'Antiquité.

Hyperbole : figure de style qui consiste à employer des termes qui exagèrent une idée, qui vont au-delà de la pensée ; elle passe en particulier par l'outrance numérique dans l'œuvre : « 367 014 bœufs gras » (chap. 4), « 14 913 vaches » (chap. 7), « 264 118 Parisiens » noyés par l'urine de Gargantua, etc.

Jargon : vocabulaire technique spécifique à une profession, comme la terminologie médicale omniprésente lors de la description des carnages et des démembrements occasionnés par les coups de Frère Jean. On trouve dans ce jargon des **latinismes** et des **mots savants**, qui contrastent avec le ton burlesque (« omnis clochabilis, in clocherio clochando, clochans clochativo clochare facit clochabiliter clochantes. », chap. 19).

Néologisme : invention de nouveaux mots (« torcheculatifs »).

Onomastique : étude des noms propres. Rabelais accorde une importance particulière au sens des noms de ses personnages.

Parodie : imitation amusante de quelque chose de sérieux.

Registre : ensemble des procédés d'écriture utilisés par un auteur, visant à donner une certaine tonalité à son texte, en vue de créer un effet chez le lecteur (comique, épique, tragique, etc.).

Lexique

Satire : œuvre par laquelle un auteur se moque de quelqu'un ou de quelque chose.

Schéma narratif : structure en cinq étapes, qui permet de suivre les mouvements d'un texte narratif : situation initiale, élément perturbateur, péripéties, élément de résolution, situation finale.

Obscène : qui offense le bon goût, qui est choquant par son caractère inconvenant, son manque de pudeur, sa trivialité, sa crudité. C'est pour obscénités que *Gargantua* sera condamné par la Sorbonne. On y trouve en effet beaucoup de références à la sexualité et aux excréments : « et tous deux faisaient souvent la bête à deux dos », longue description de la braguette de Gargantua au chap. 5 et évocation d'un ouvrage (fictif) d'Alcofribas Nasier : *De la dignité des braguettes*, le chapitre XIII est consacré exclusivement à l'art de déféquer, etc.

Utopie : construction imaginaire d'une société idéale (l'Abbaye de Thélème). Par extension, une utopie est quelque chose d'irréalisable.

Réponses aux Quiz

p. 8 1. Rabelais est à la croisée du Moyen Âge et de la Renaissance car il subit toujours l'influence médiévale, en particulier avec les récits de chevalier, tout en appartenant pleinement à la pensée humaniste de la Renaissance ; 2. Rabelais a été moine, médecin et auteur ; 3. *Pantagruel*.

p. 10 1. Le moine Martin Luther ; 2. aumônes (argent) que le clergé récolte contre la promesse d'un allègement des peines qui attendent les pécheurs au Purgatoire, antichambre du Paradis ; 3. Le Restaurateur des Lettres, parce que c'est un grand mécène.

p. 13 1. La renaissance est une période historique, l'humanisme un courant de pensée européen ; 2. En Italie à la fin du XIVe siècle ; 3. L'éducation, les sciences, la religion, la politique.

p. 18 1. Montaigne, La Fontaine, Swift, Cyrano de Bergerac, etc. ; 2. La Sorbonne les condamne pour obscénités ; 3. Le rire est utilisé pour ses vertus thérapeutiques, pour transmettre plus joyeusement sa critique mais aussi pour affirmer la dignité de l'homme.

p. 20 1. Gargamelle ; 2. Une éducation sophiste (scolastique) ; 3. Une société idéale selon les principes humanistes.

p. 24 1. 4 étapes : naissance du héros, éducation du héros, guerres et abbaye de Thélème ; 2. Picrochole ; 3. Sans mur, « sans horloge ni cadran », elle autorise la présence des femmes et elle a pour devise « Fais ce que tu voudras ».

p. 26 1. Les trois noms des personnages renvoient à la nourriture et à la gourmandise ; 2. Le nom Jobelin Bridé est drôle car il évoque un oisillon dont on a fermé le bec ; 3. Frère Jean des Entommeures.

p. 29 1. Rabelais demande que l'on cherche derrière l'apparence bouffonne le fond de la réflexion ; 2. Les chapitres 2 et 58 ; 3. Silène est le fils d'Hermès et le père nourricier de Dionysos (Bacchus). Il participe aux gigantomachies (combats de géants) et révèle les secrets de la condition humaine au Roi Midas qui l'a capturé. D'apparence affreux, ridicule et difforme, Silène cache en lui des trésors divins.

p. 30 1. Le gigantisme permet d'apporter une tonalité comique tout en inscrivant le récit dans le registre merveilleux ; 2. Le terme « gargantuesque » désigne ce qui est d'une ampleur démesurée, bien au-delà de la norme ; 3. Frère Jean des Entommeures.

Réponses aux Quiz

p. 32 1. Dans les récits de combats ou les romans de chevalerie ; 2. Récit versifié en décasyllabes (ou, par la suite, en alexandrins) regroupés en laisses racontant des épopées héroïques légendaires et mettant en scène les exploits guerriers des rois ou chevaliers ; 3. En mimant les combats de chevalier lors des guerres picrocholines.

p. 33 1. L'éducation, la guerre, la politique par le biais de l'utopie de Thélème, la religion ; 2. Un lieu idéal qui n'existe pas ; 3. Grandgousier.

p. 35 1. *La Farce de maître Pathelin* ; 2. Le terme « scatologie » sert à désigner des écrits ou des propos grossiers, dans lesquels il est question d'excréments, de pets, d'urine, etc. ; 3. On retrouve toutes les formes de comiques dans l'œuvre : de mots, de situations, de gestes, de caractères.

p. 37 1. Horace ; 2. « Plaire et instruire » ; 3. Aristophane, La Fontaine, Molière, Voltaire.

p. 41 1. Amuser ou choquer ; 2. Une science qui étudie les lois de l'univers ; 3. Fonction comique principalement et transgressive : remplacer la honte par le rire.

p. 45 1. Le lecteur risque de ne pas percevoir la critique derrière l'aspect amusant du récit ; 2. Une forme de complicité, de compréhension intellectuelle mutuelle ; 3. À dénoncer les horreurs et l'absurdité des combats.

p. 49 1. La religion est toute puissante et omniprésente en France ; 2. Non, les auteurs de la Renaissance sont majoritairement croyants ; 3. Car on peut se sentir attaqué, blessé dans nos croyances les plus profondes.

p. 53 1. Le mot « savoir » provient du latin *sapere*, verbe qui indiquait une entité possédant une certaine *saveur*. Sous l'influence de *sapiens*, « sage », le mot prend le sens de « être perspicace », « comprendre », puis de « savoir » au sens actuel ; 2. Le mépris, le pédantisme ; 3. Une personne qui fait étalage de ses connaissances, même lorsqu'il sait peu de choses en réalité.

p. 57 1. Les professeurs de la Sorbonne ; 2. Rabelais, Montaigne, Érasme, puis Fénelon, Rousseau, etc. ; 3. Une place très peu importante, les femmes n'étant généralement pas instruites.

p. 72 1. La dissertation peut porter sur l'une des quatre œuvres intégrales, et sur son parcours associé ; 2. Deux parties ; 3. Une accroche, qui peut prendre le contrepied du sujet.

p. 96 1. L'essai est rattaché à l'objet d'étude « La littérature d'idées » ; 2. La contraction de texte ; 3. L'essai consiste à rédiger une argumentation personnelle sur des textes étudiés et sur le texte du sujet.

Crédits photographiques

Couverture : Bridgeman Images

p. 4 : BIS / Ph. © Archives Larbor
p. 14 : BIS / Photos Collection Archives Sejer
p. 43 : BIS / Ph. Jeanbor © Archives Larbor

Conception graphique intérieur et couverture : Élise Launay

Couverture : Clémentine Largant

Mise en pages : STDI

Fabrication : Kevin Magar

Édition : Sonia Berthelot

Dépôt légal : juillet 2021 - N° de projet : 10277335
Achevé d'imprimer en avril 2022 par Bona S.p.A. à Turin en Italie